Chiquita publishing

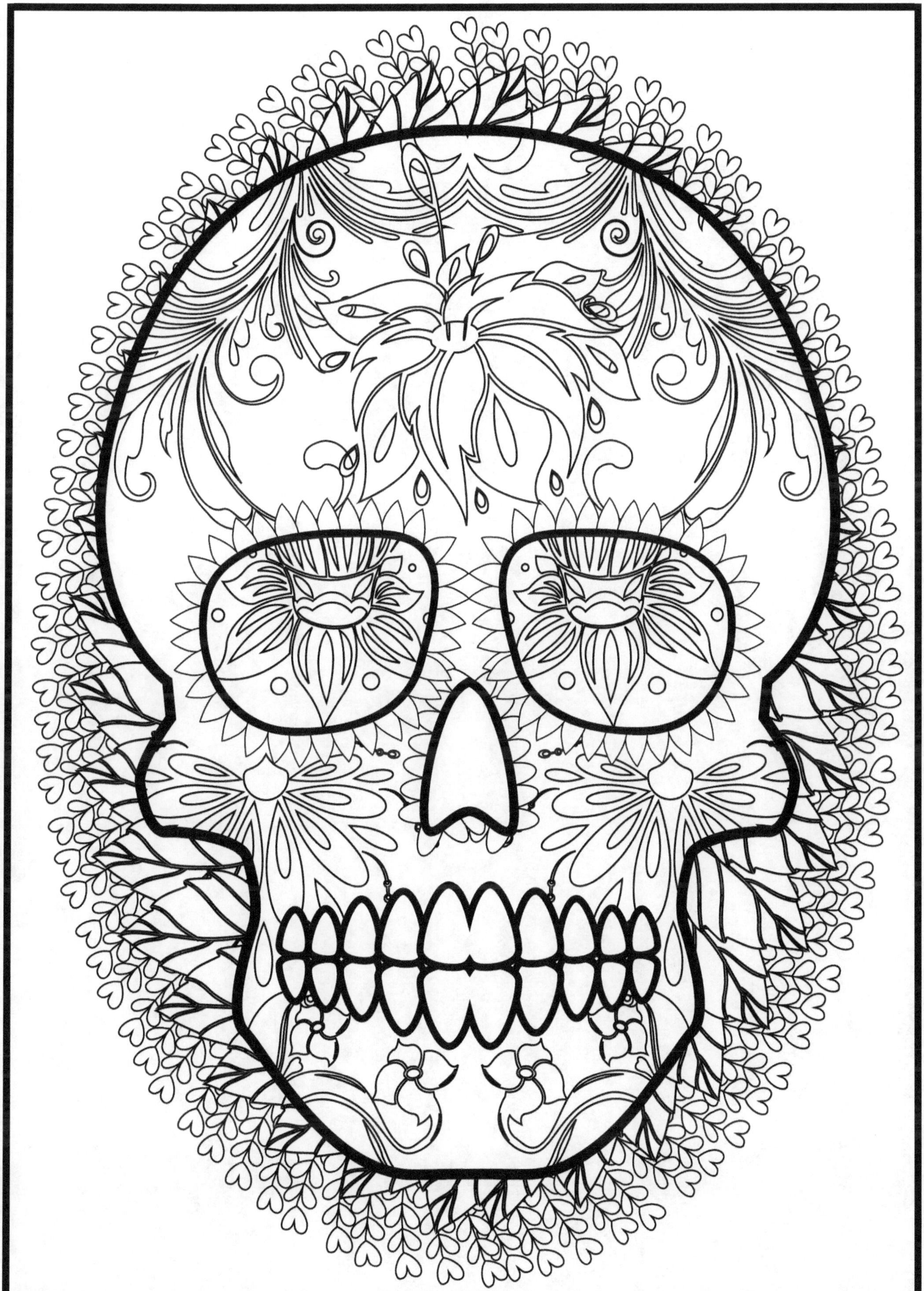

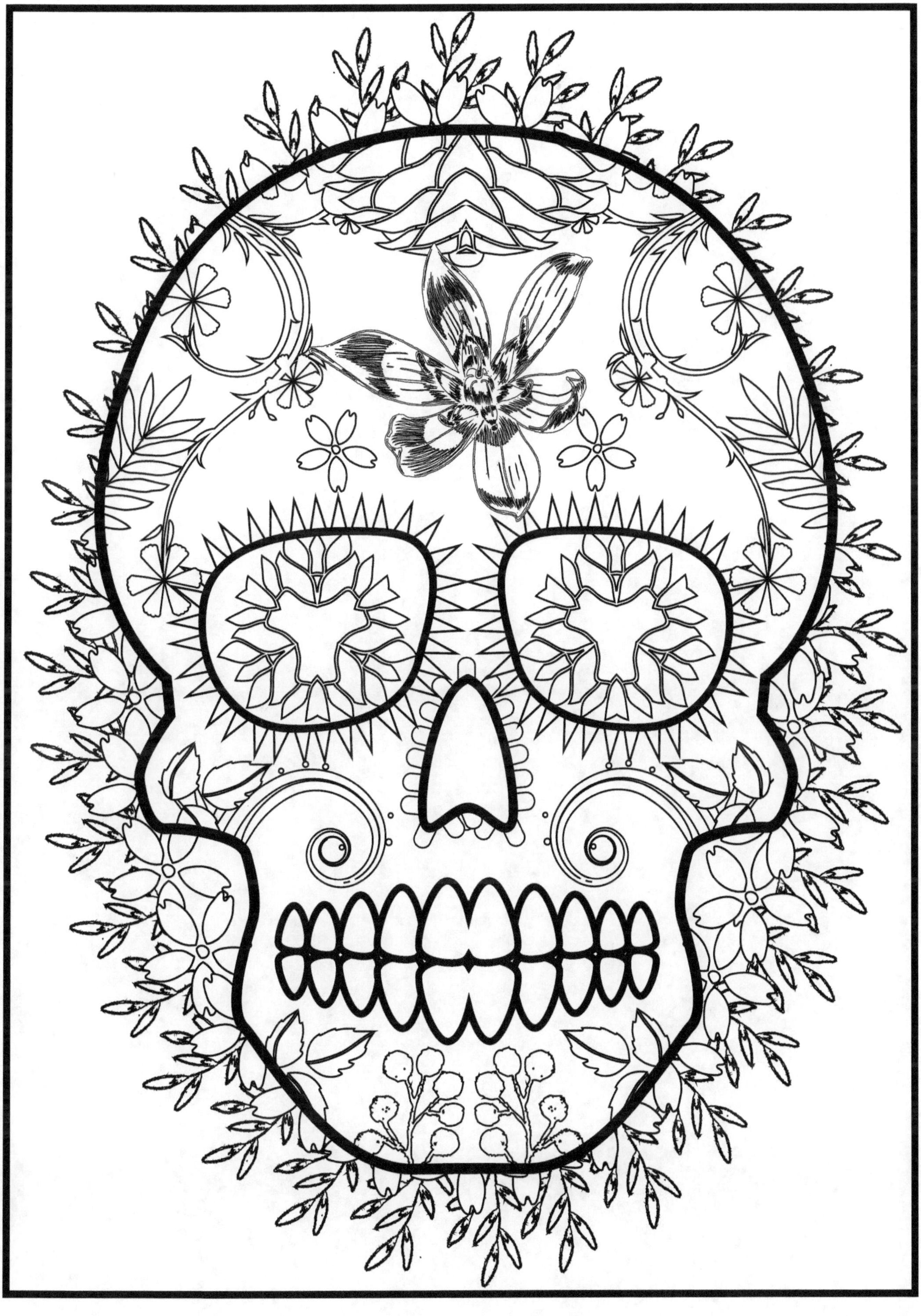

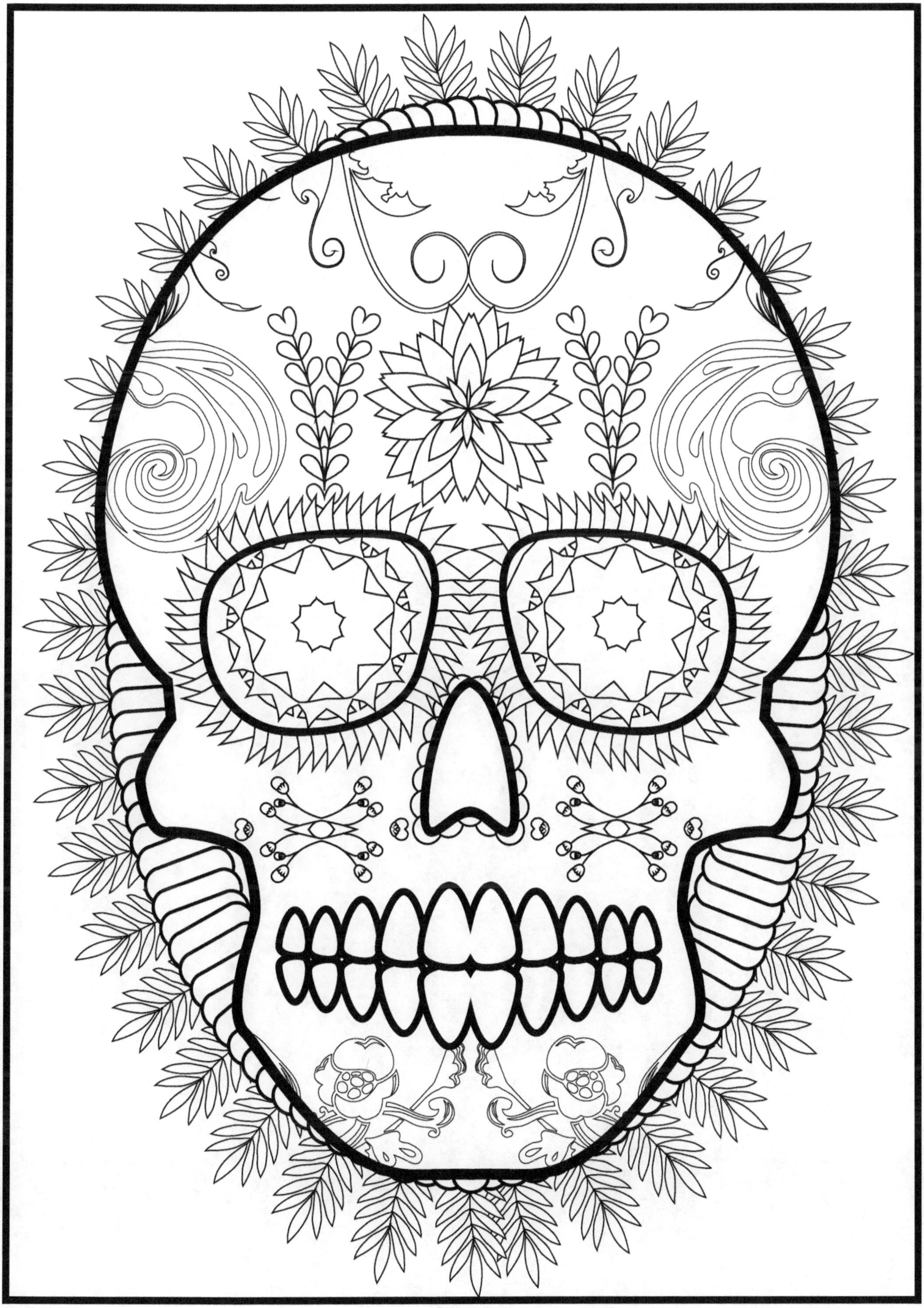

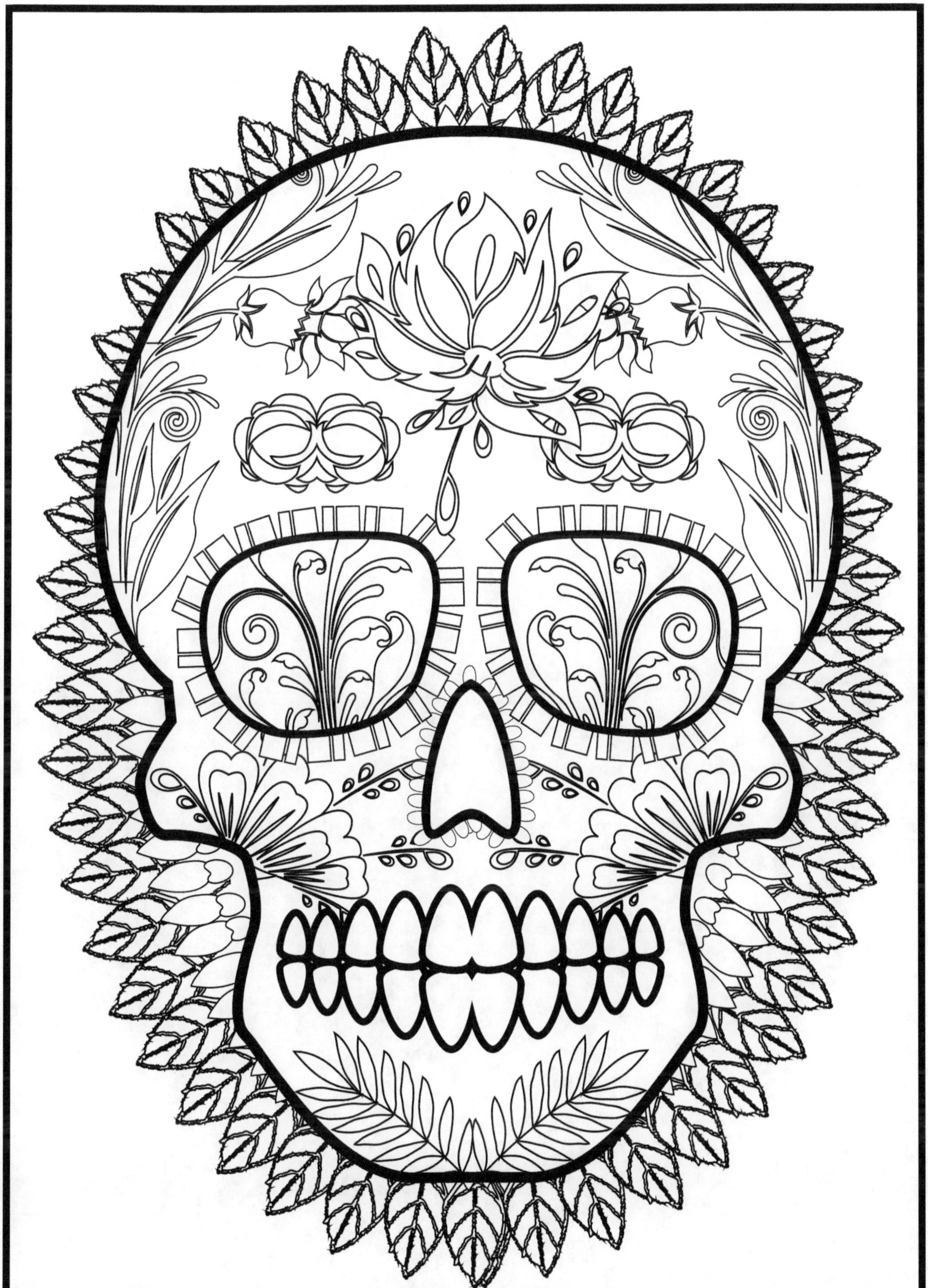

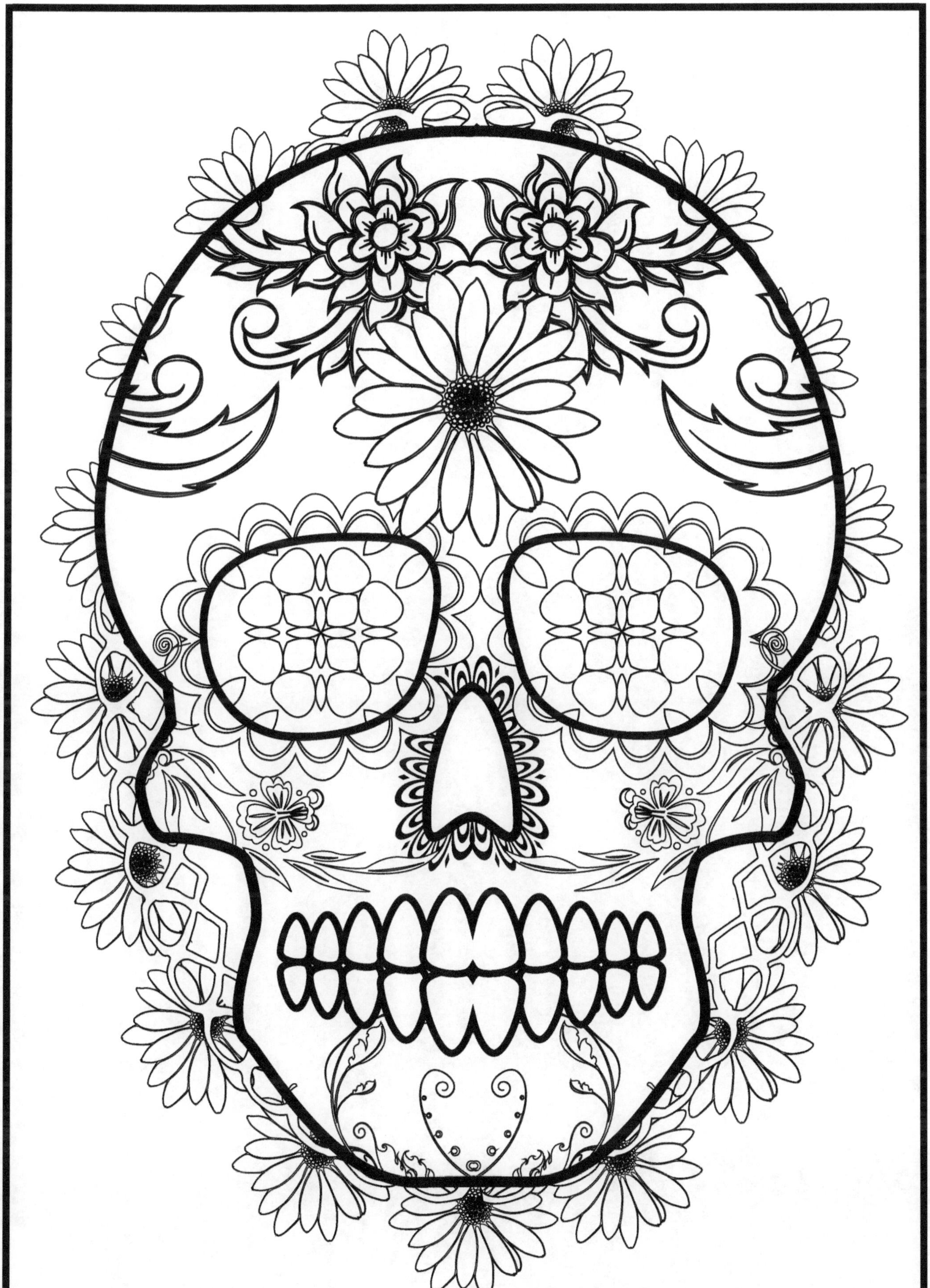

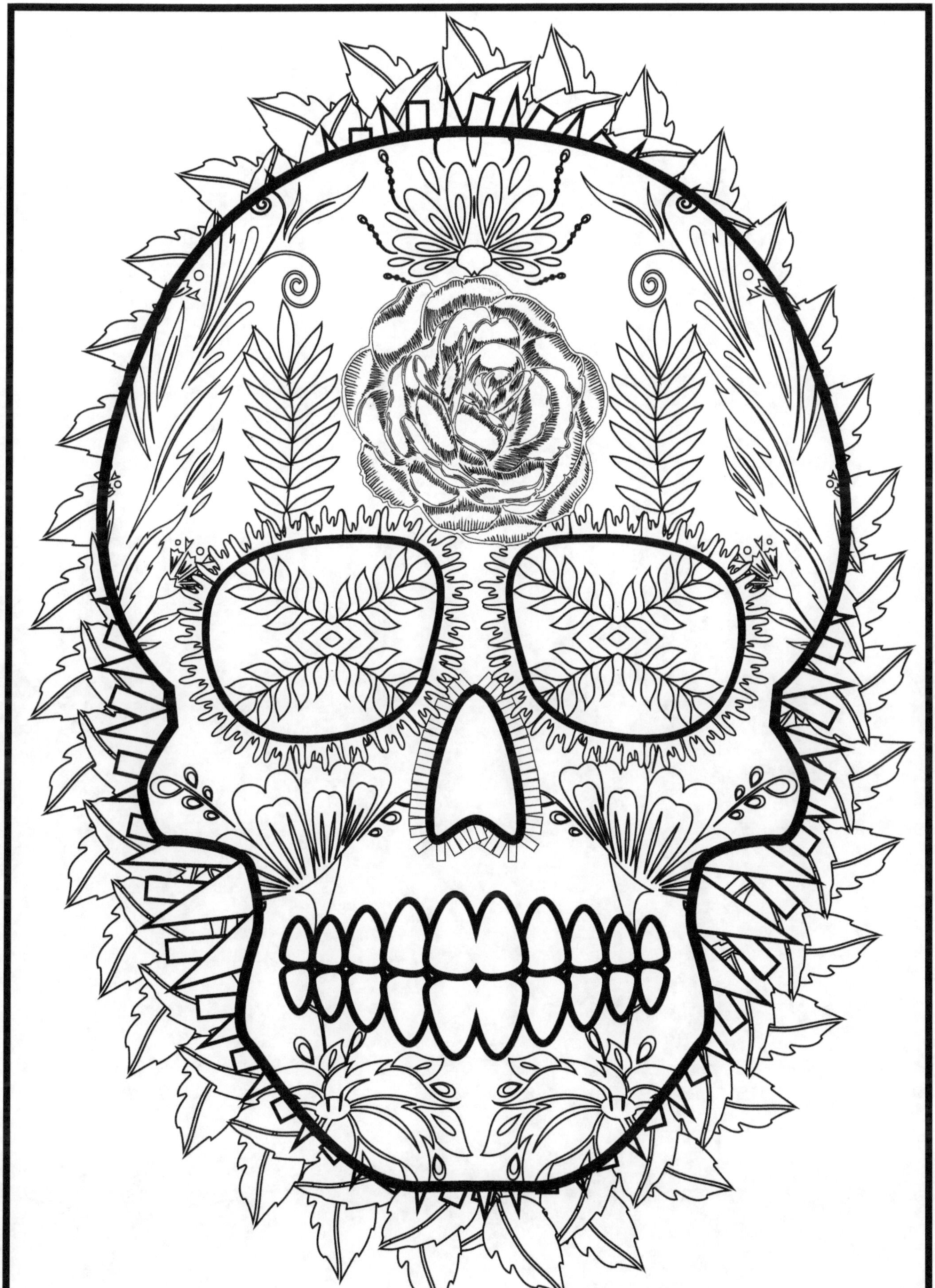

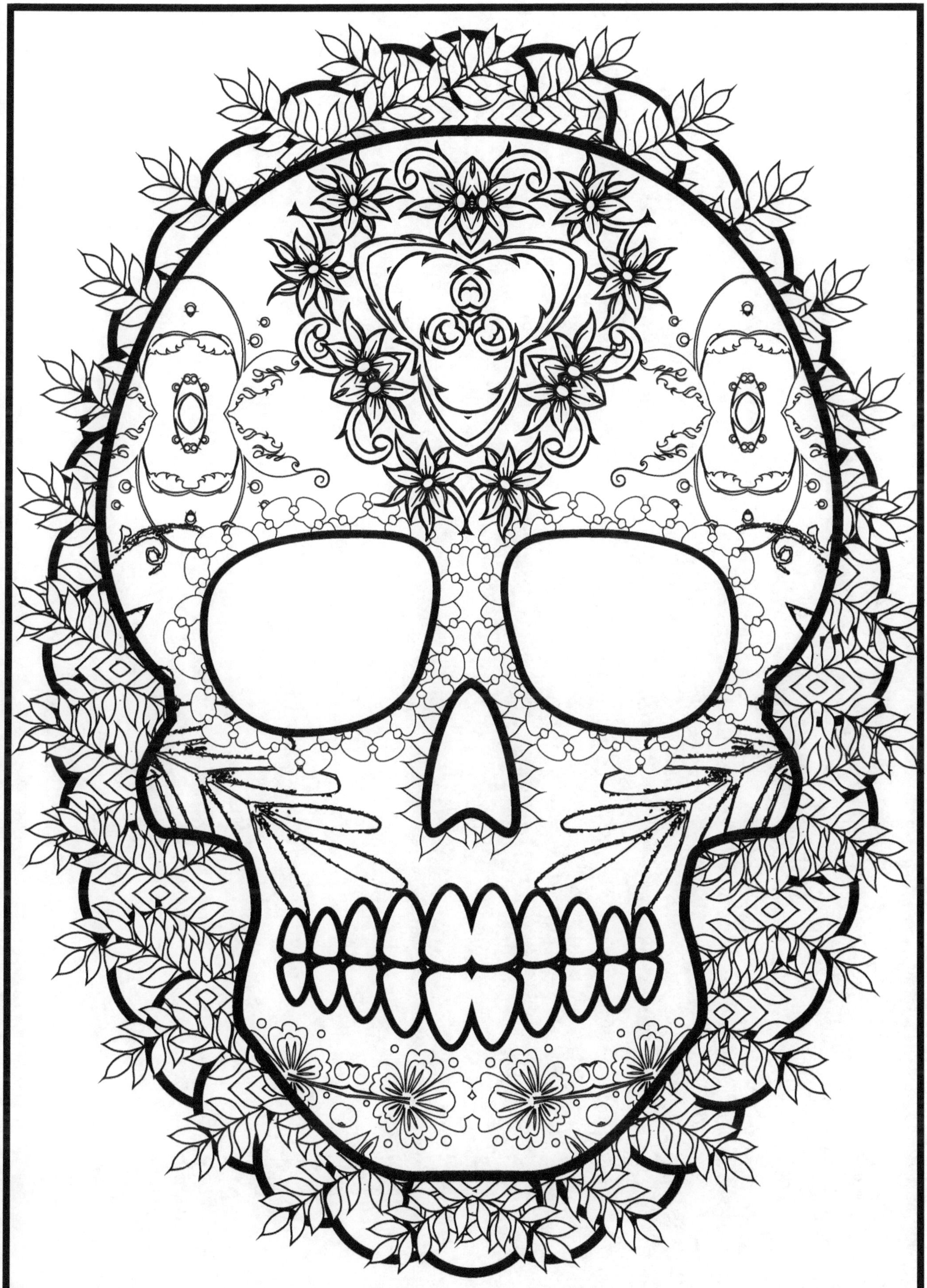

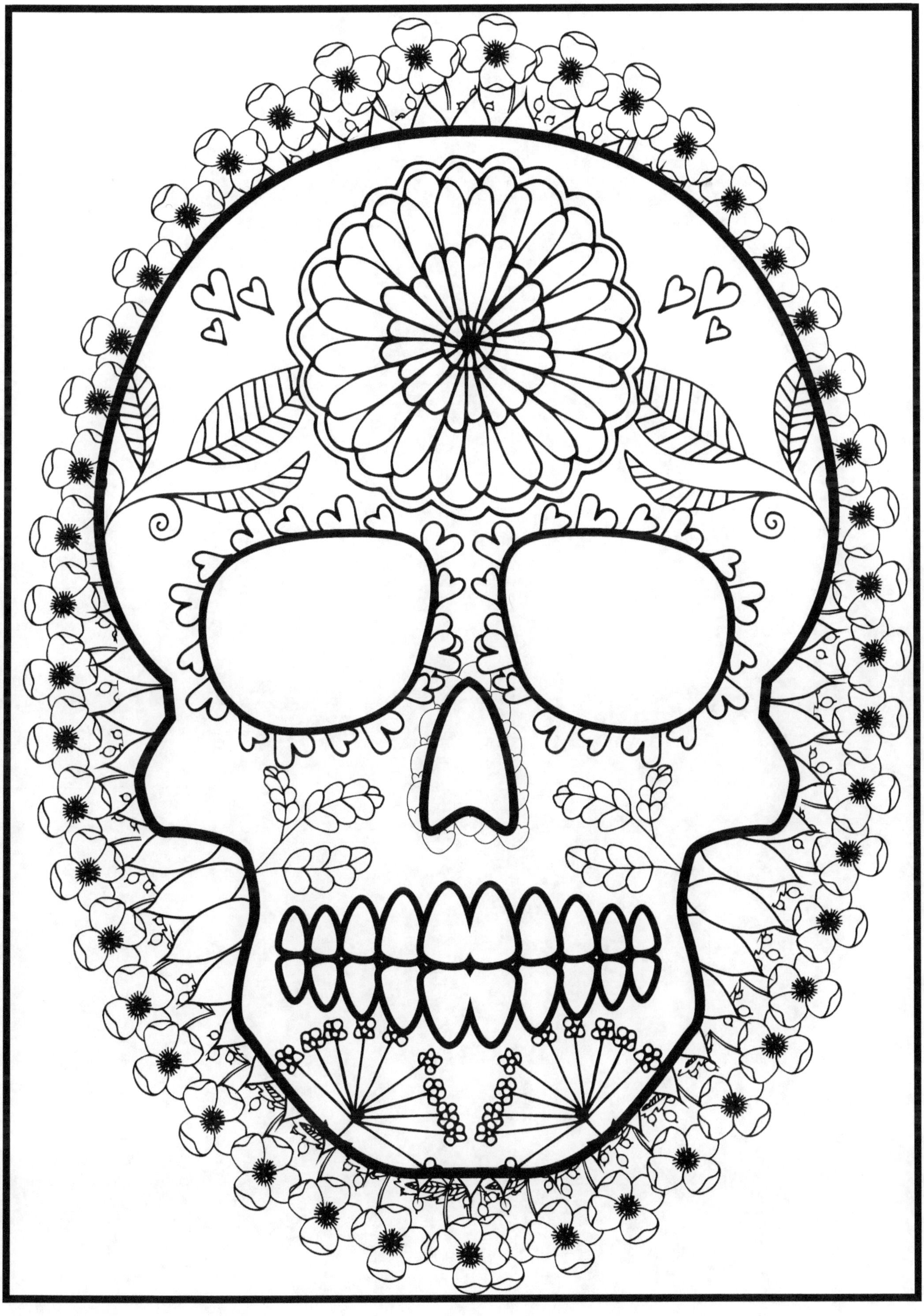

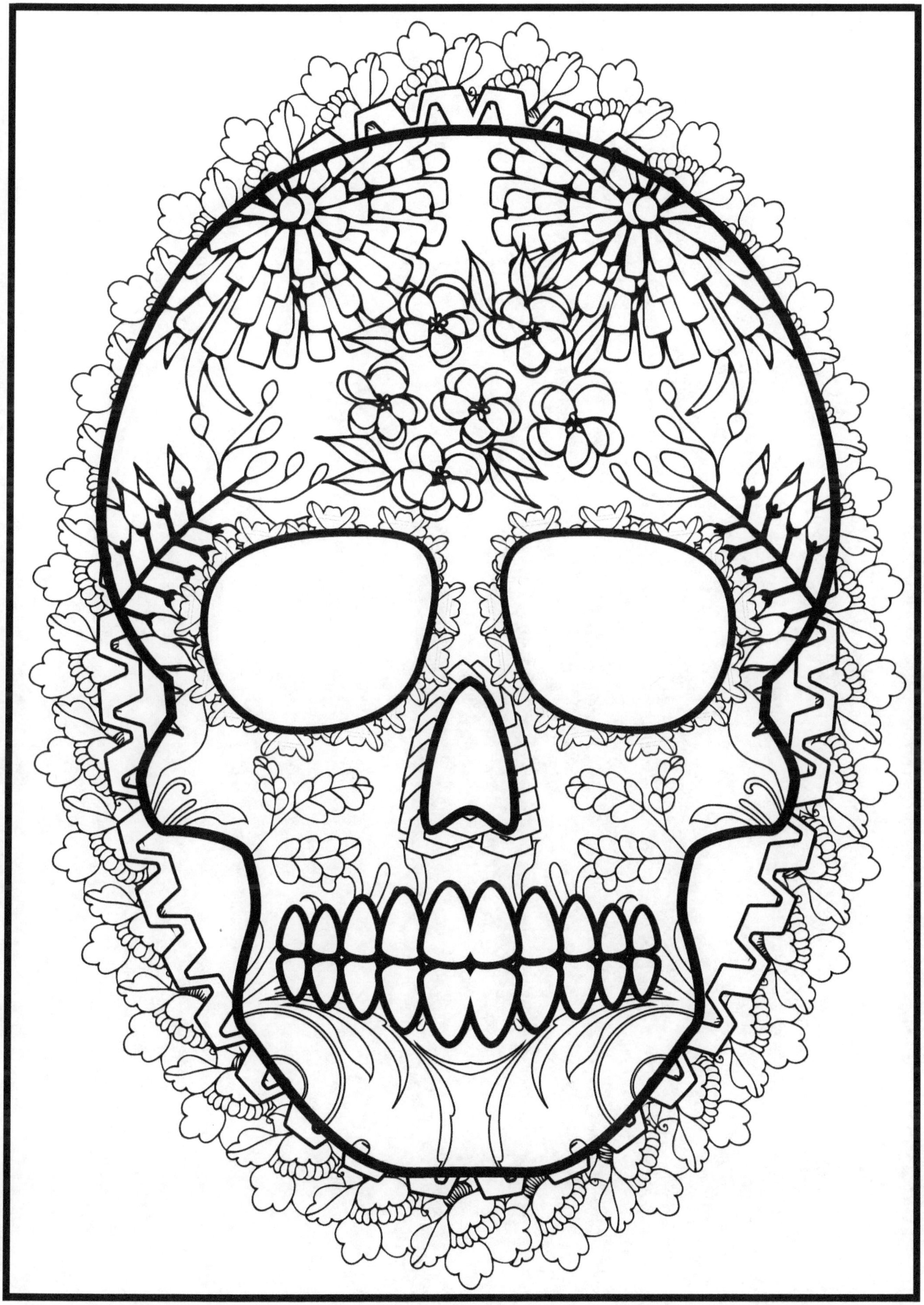

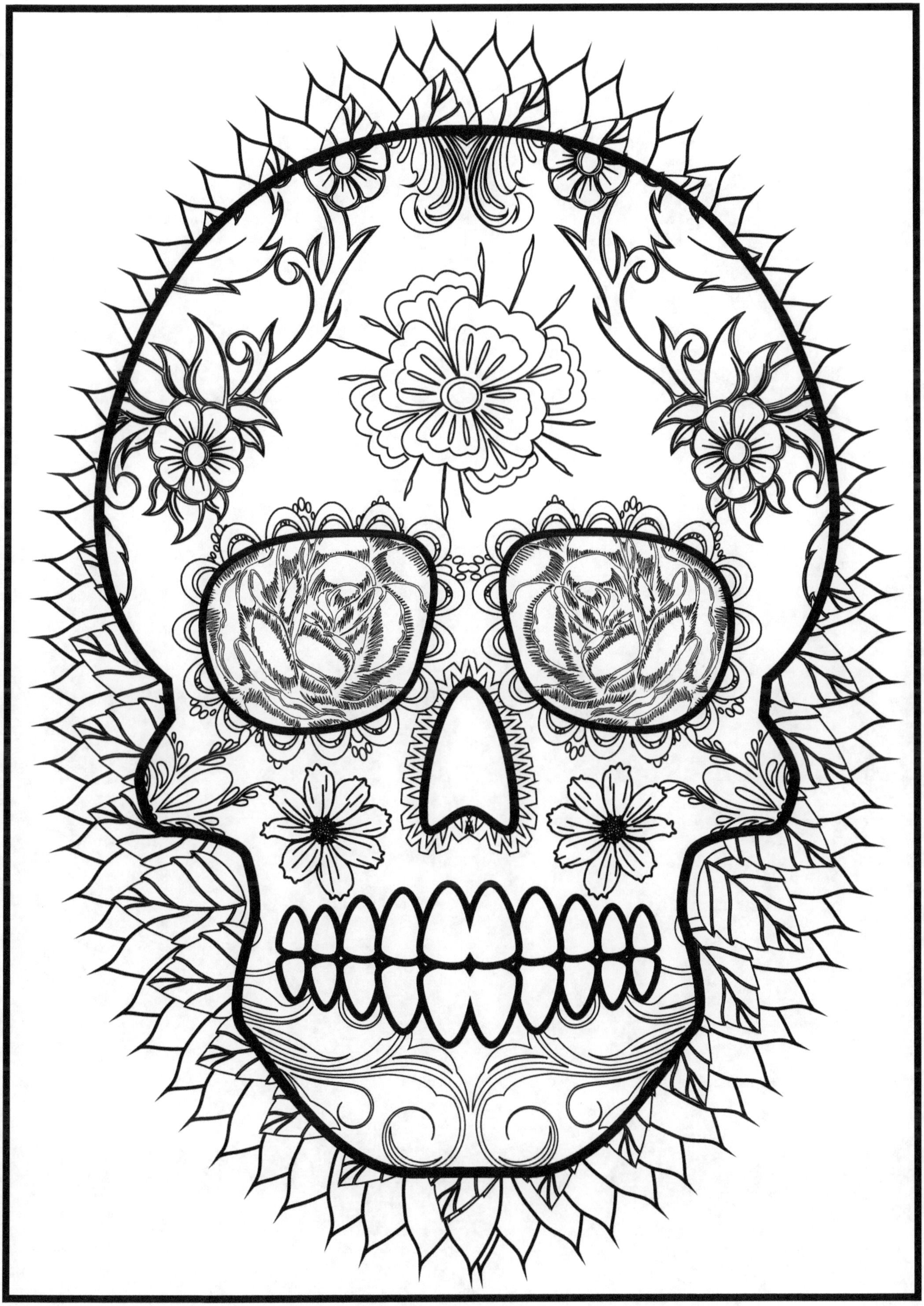

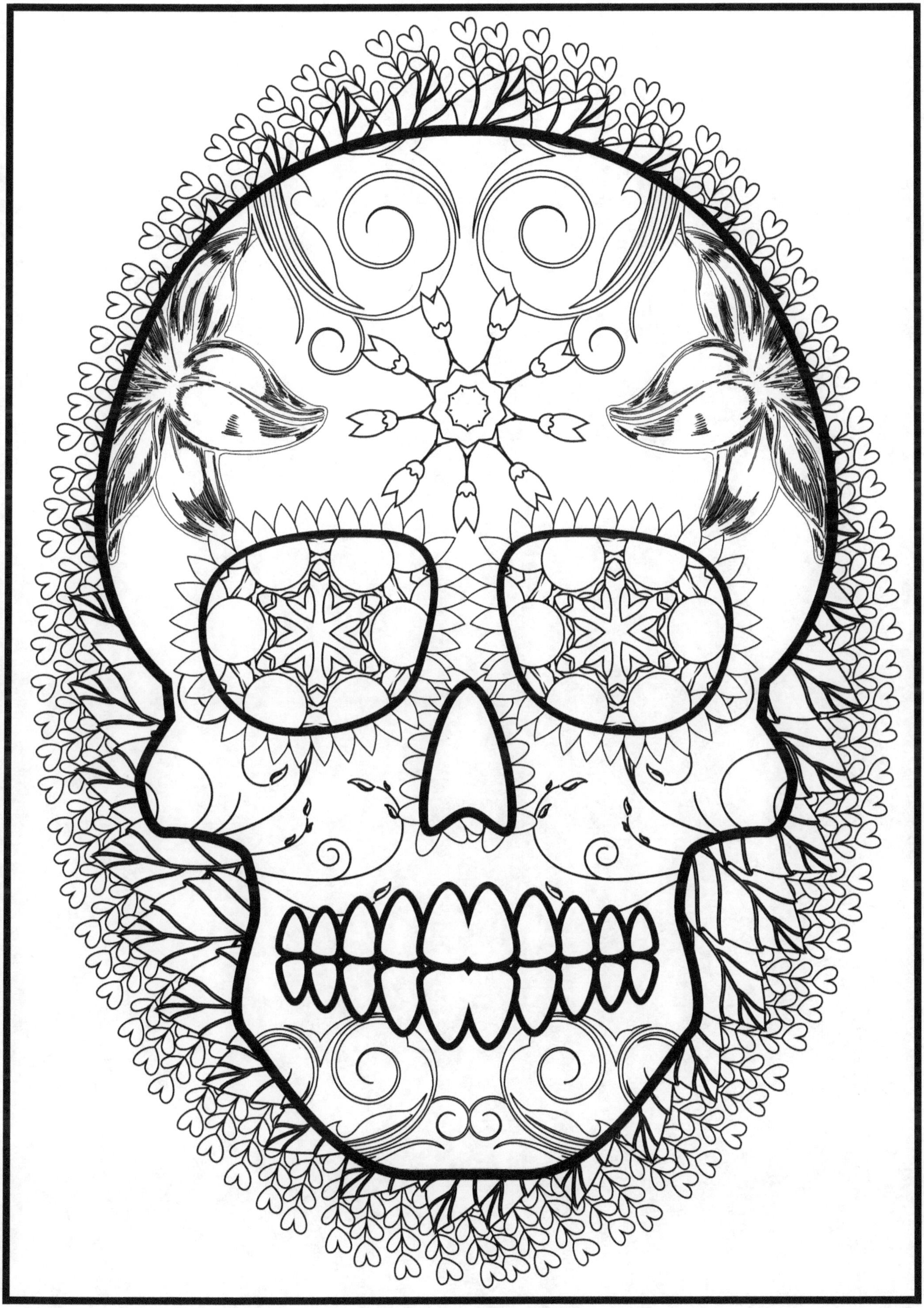

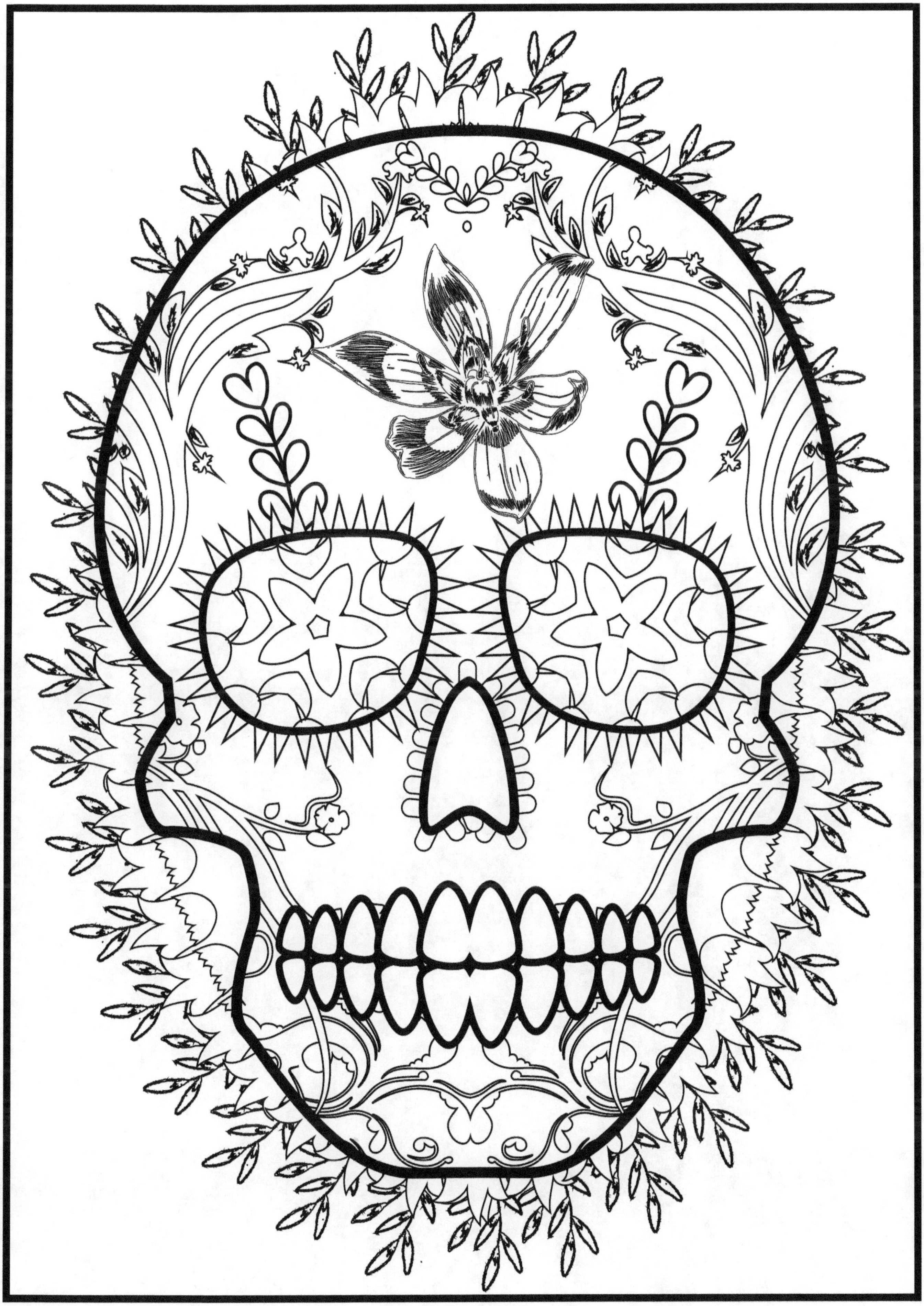

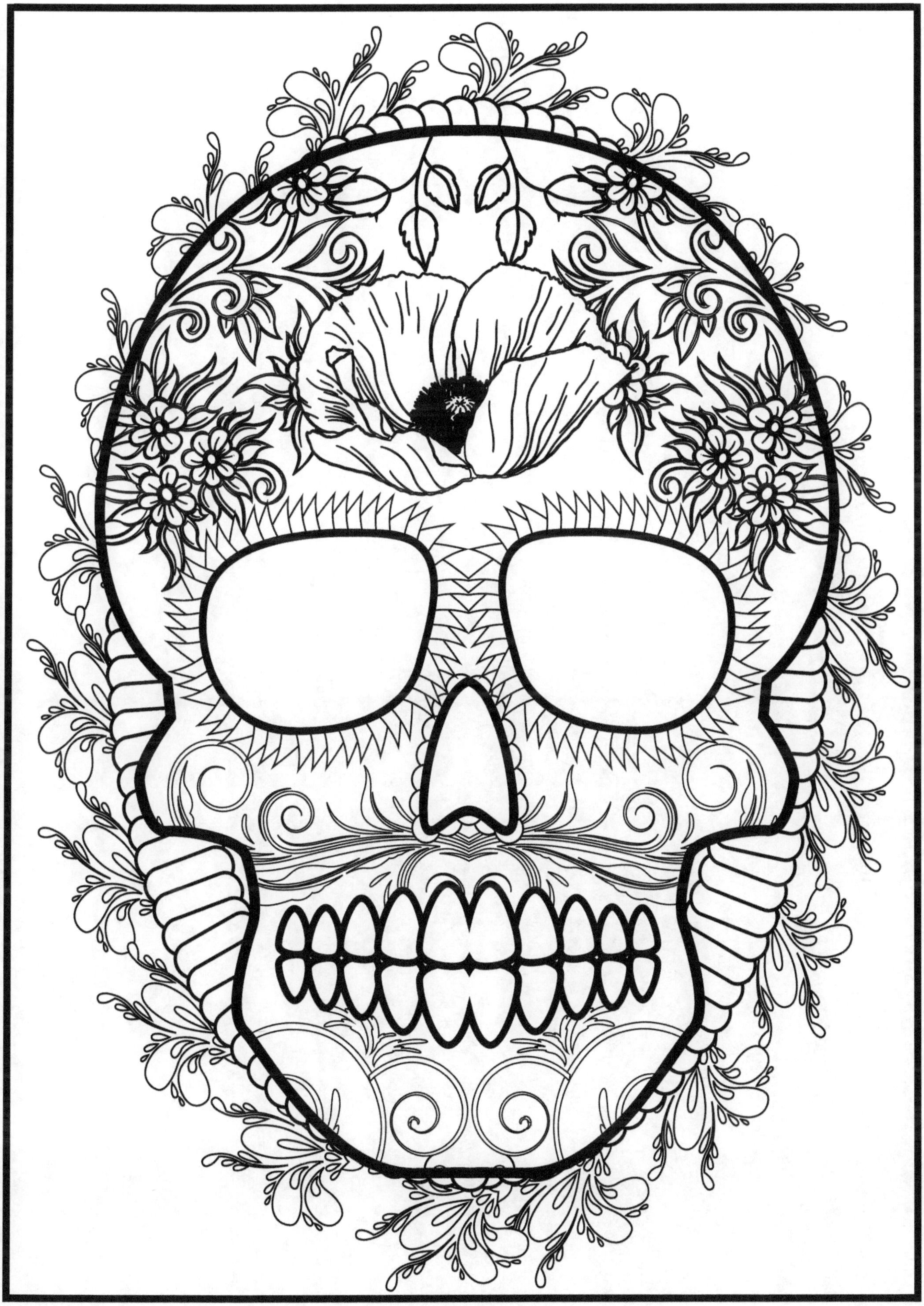

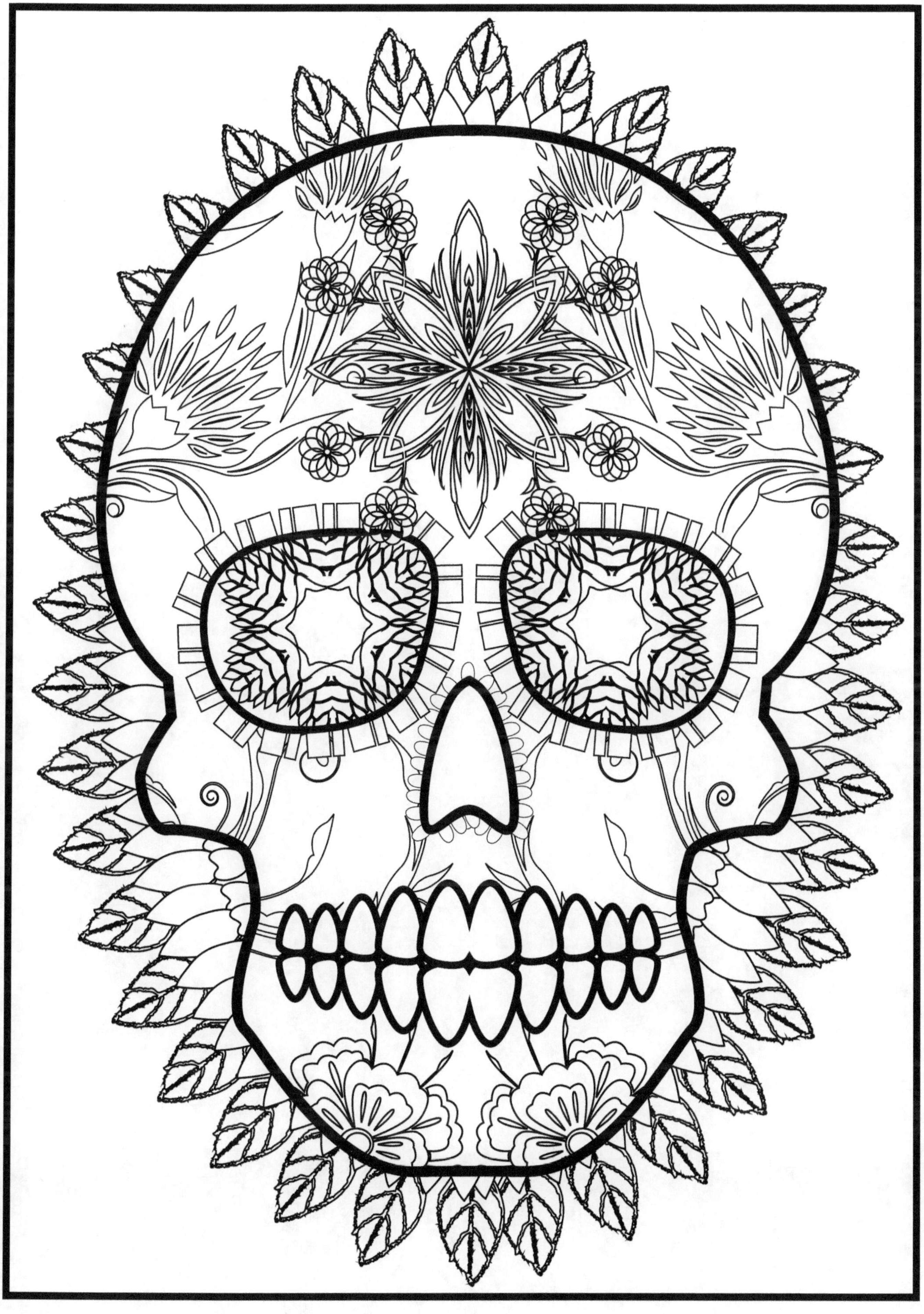

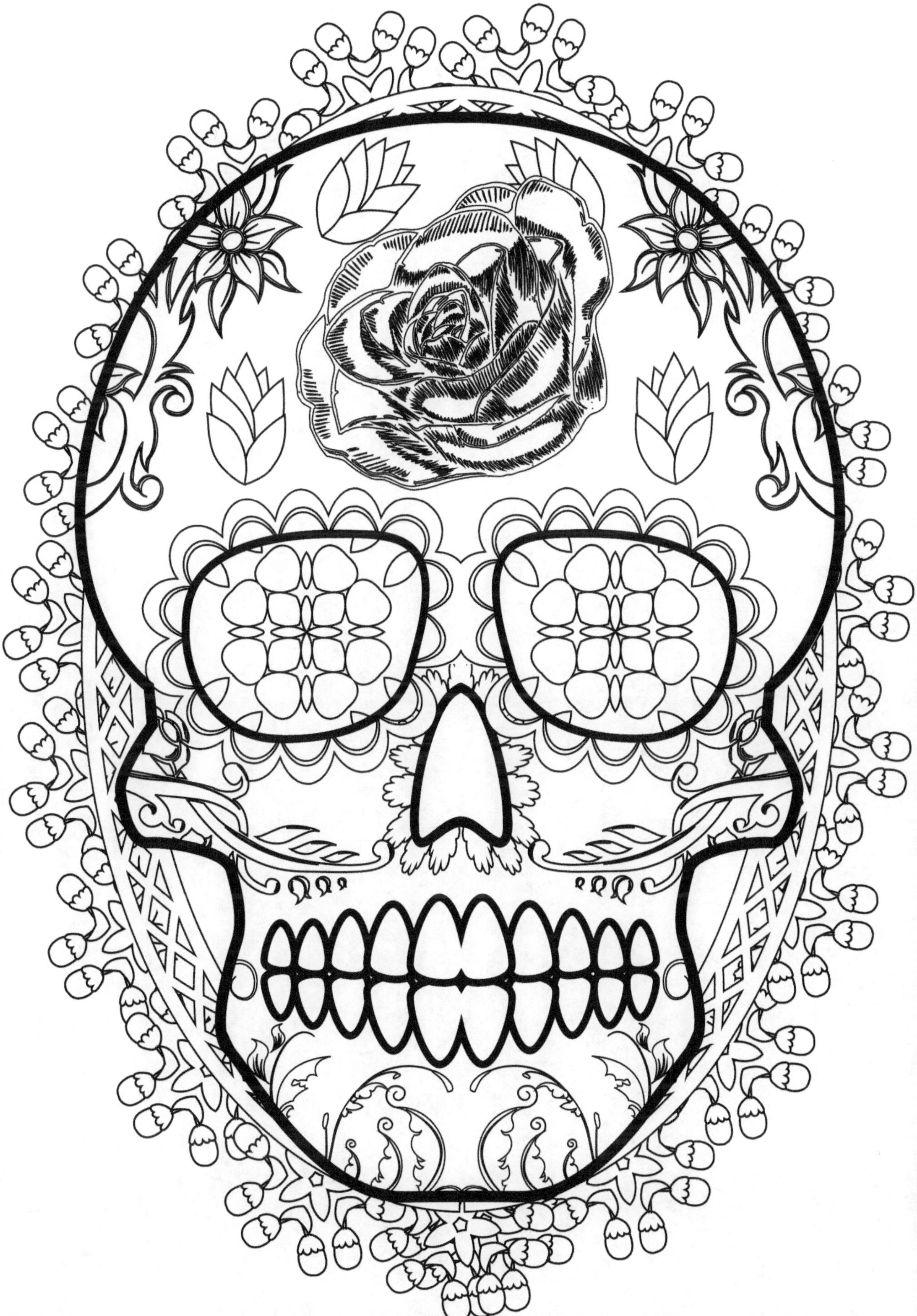

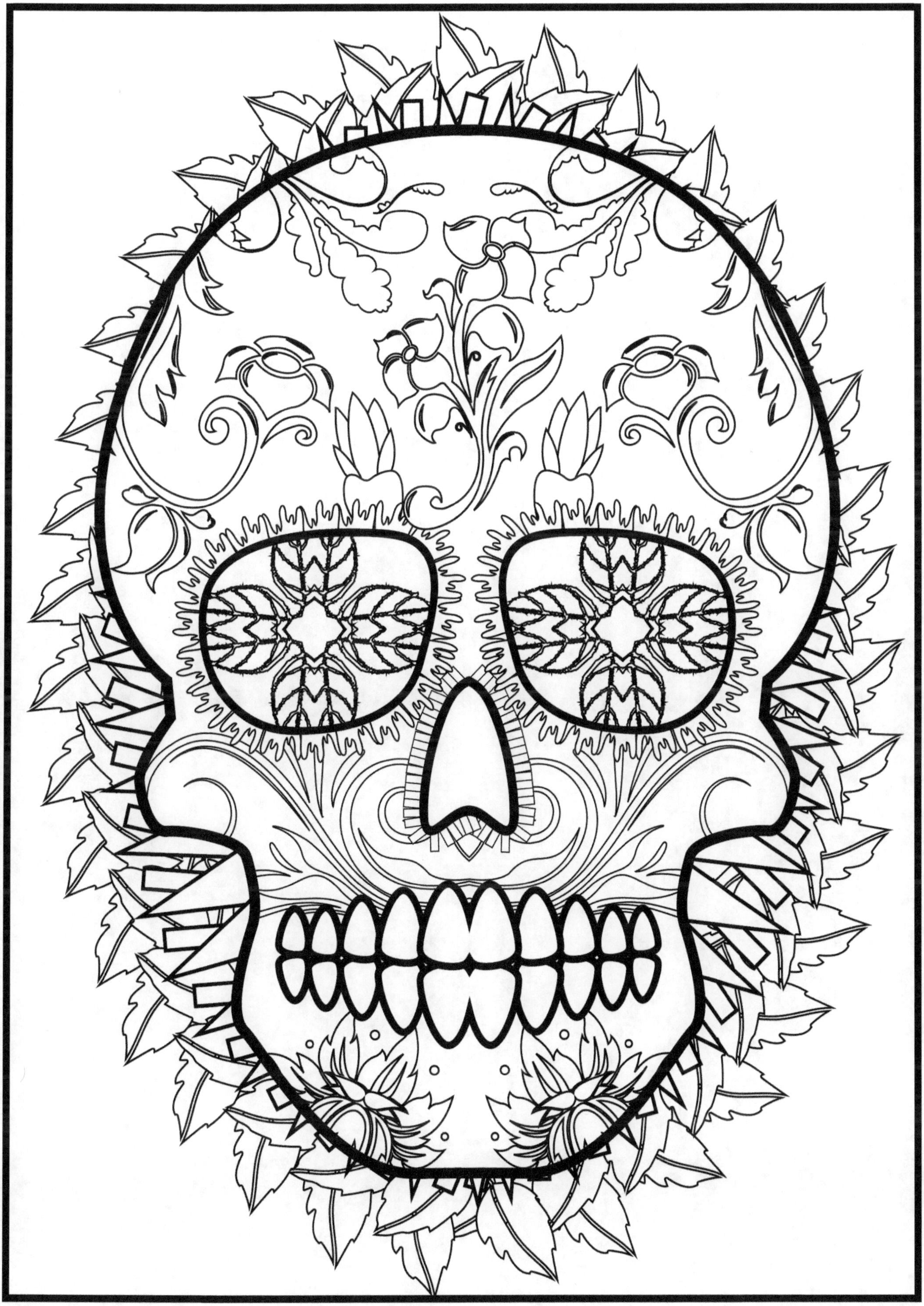

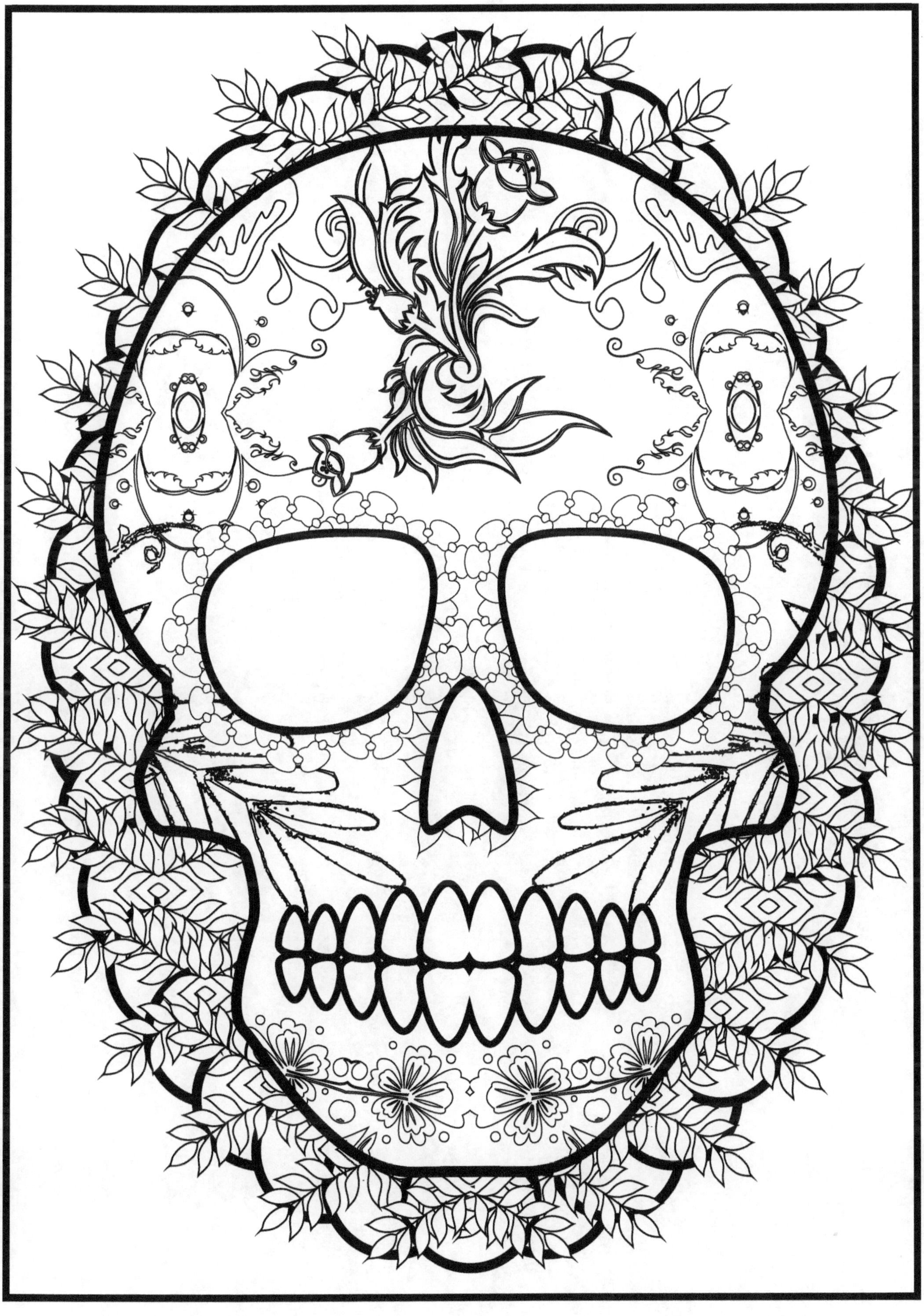

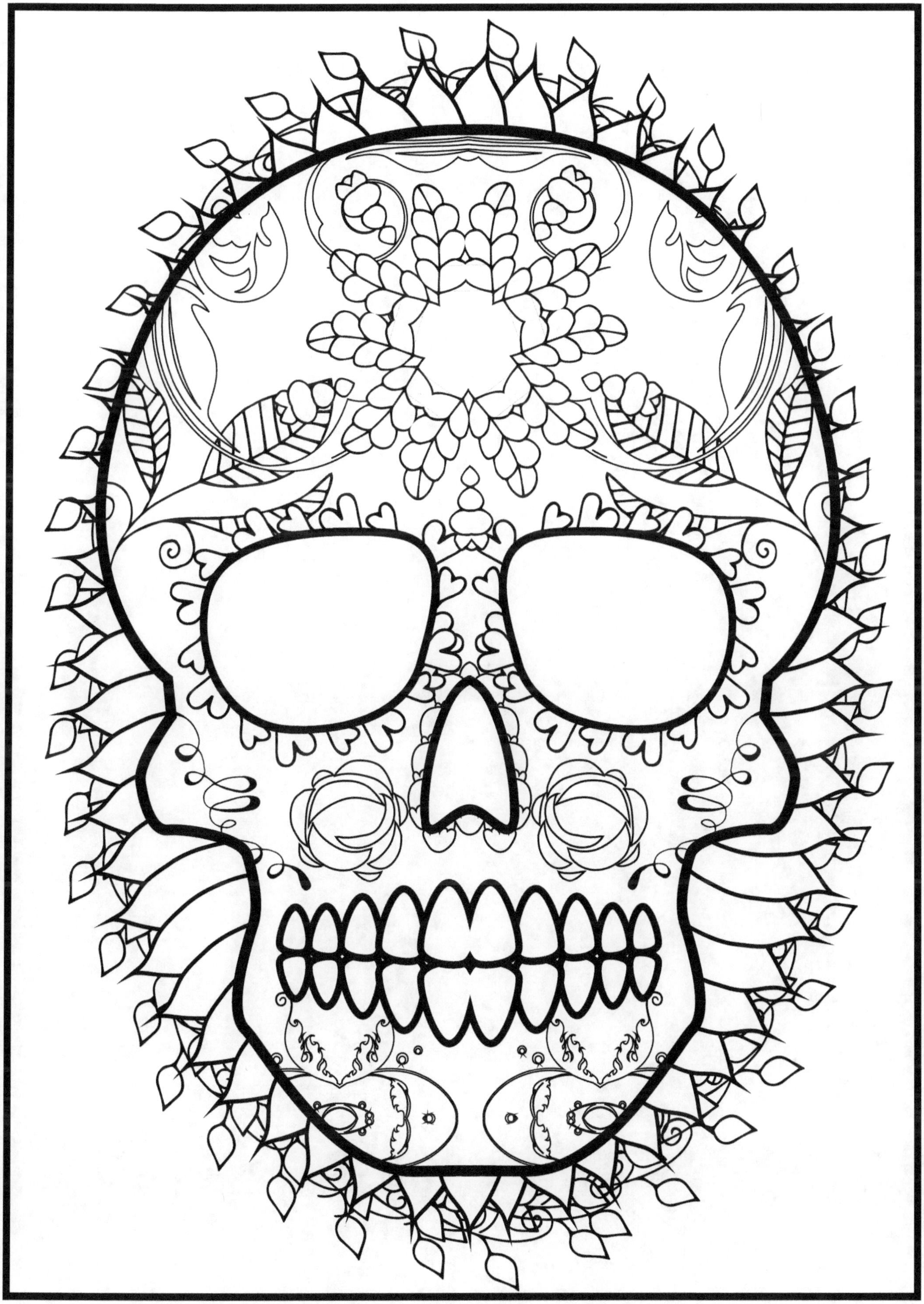

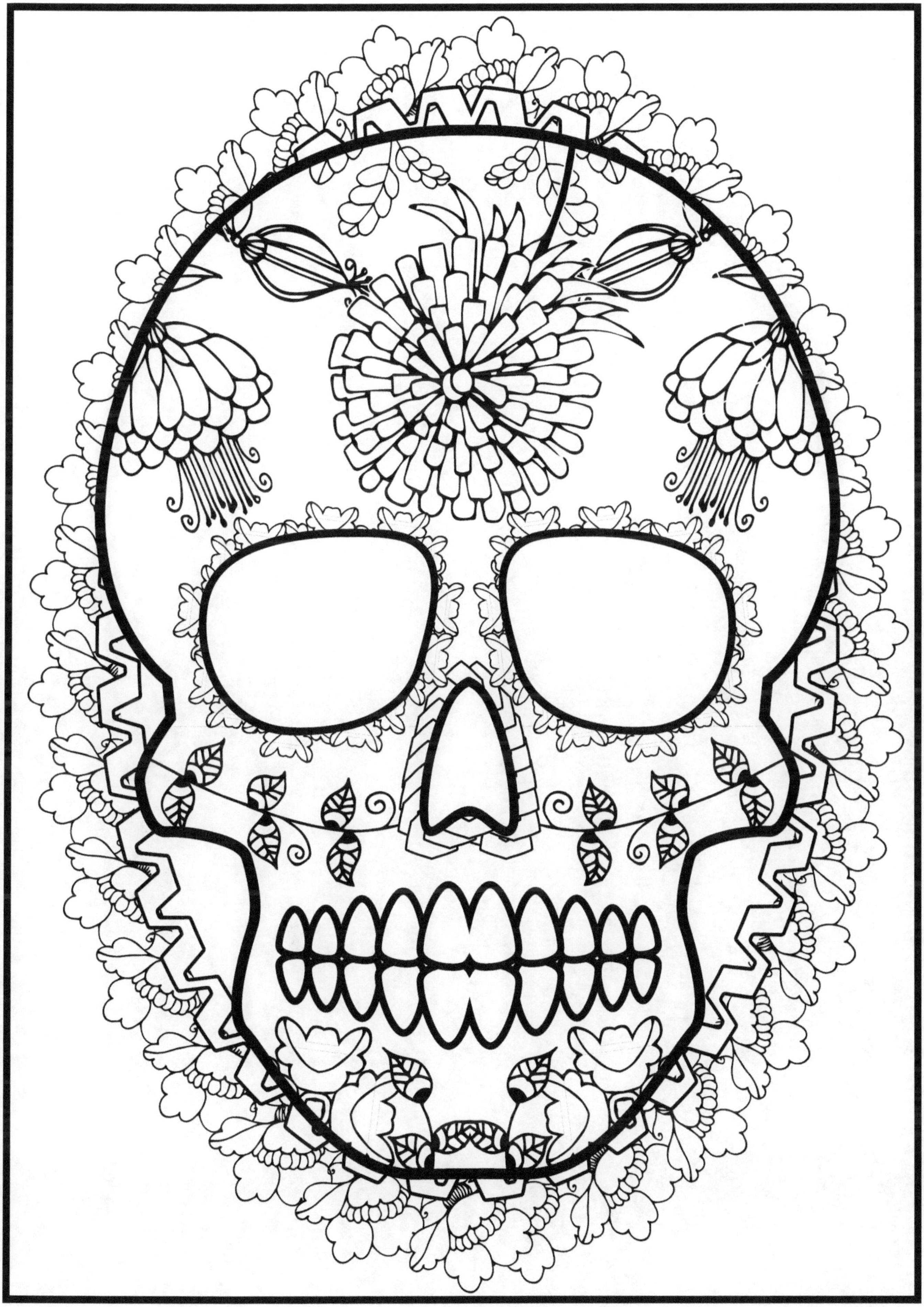

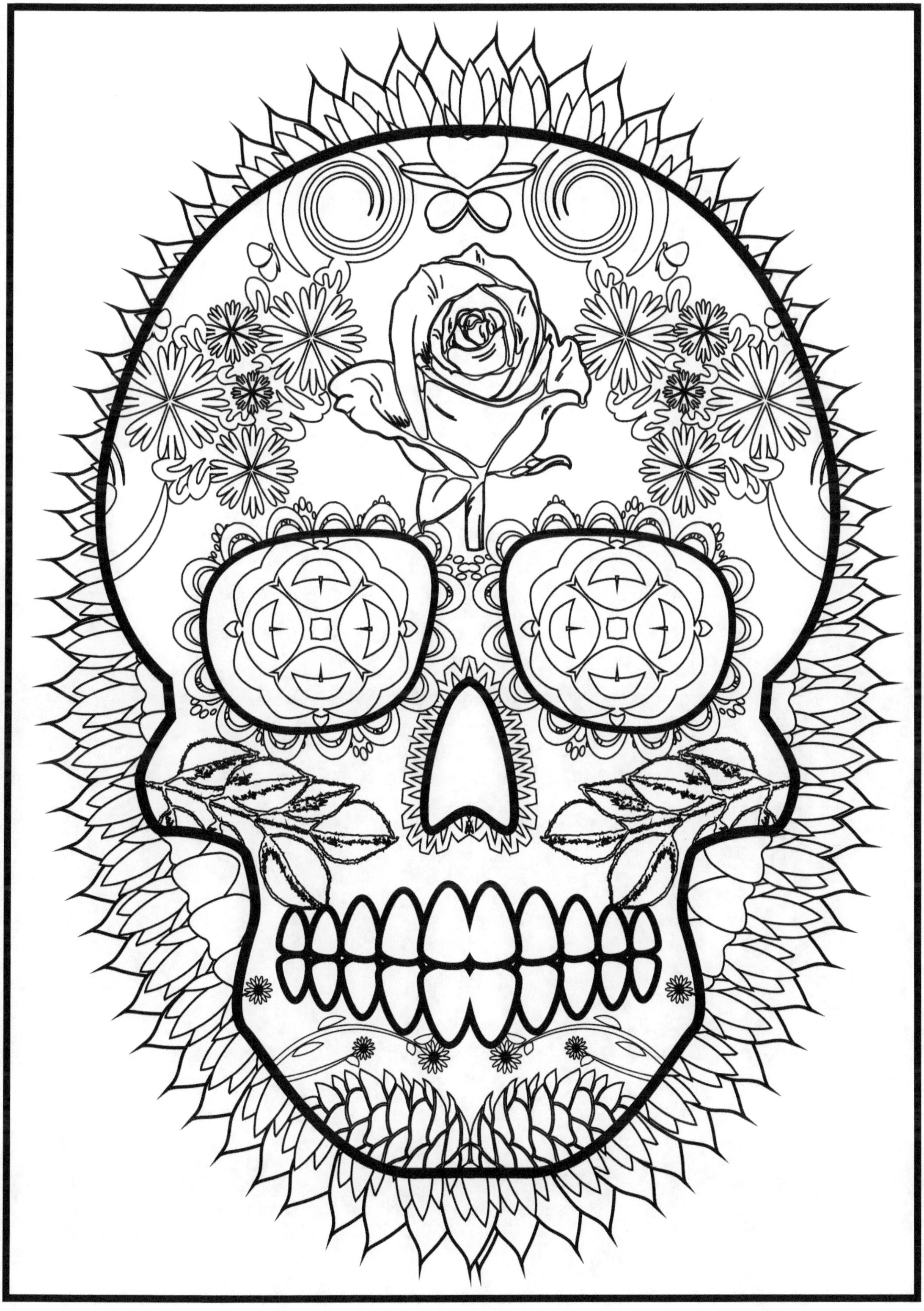

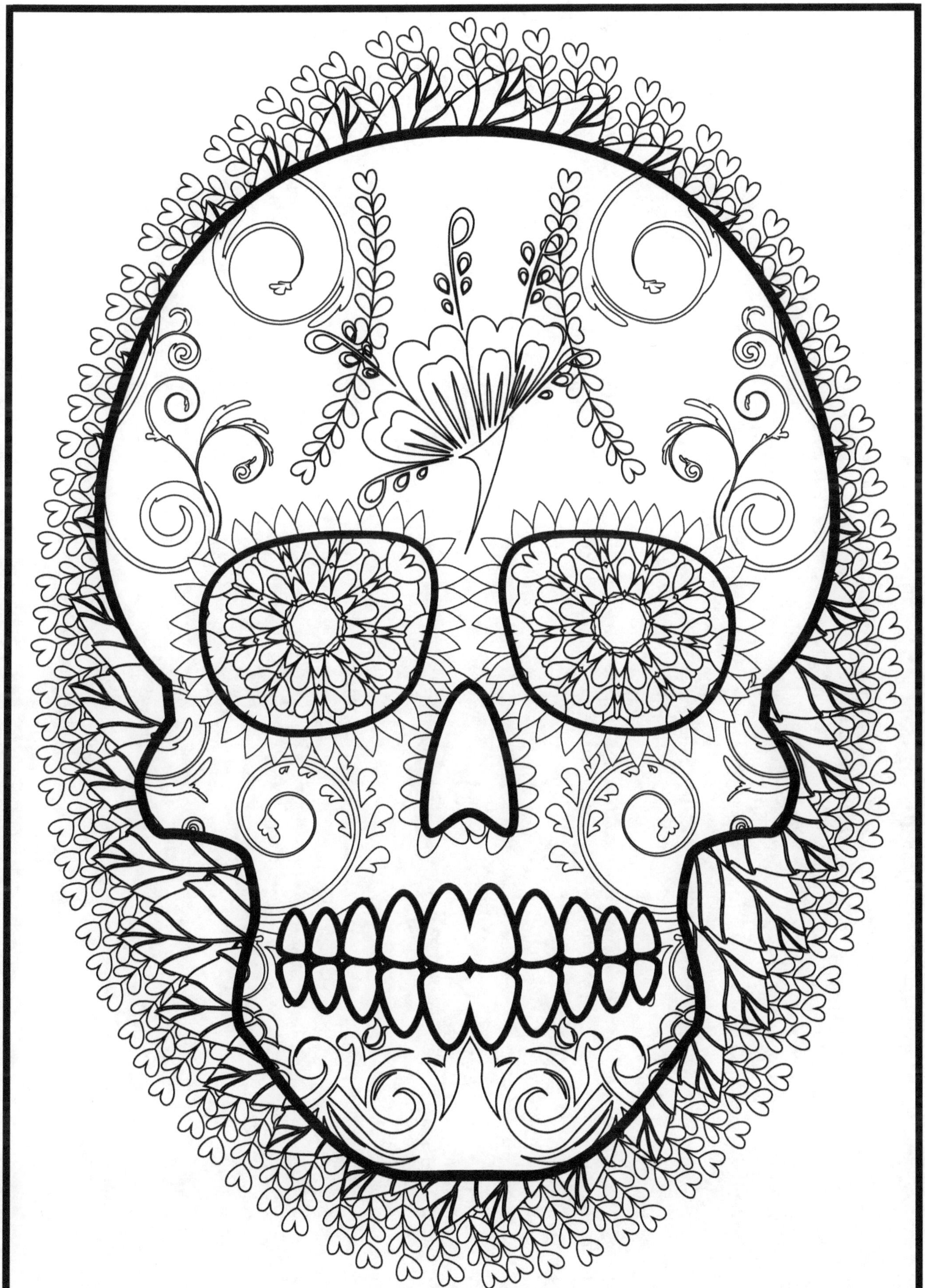

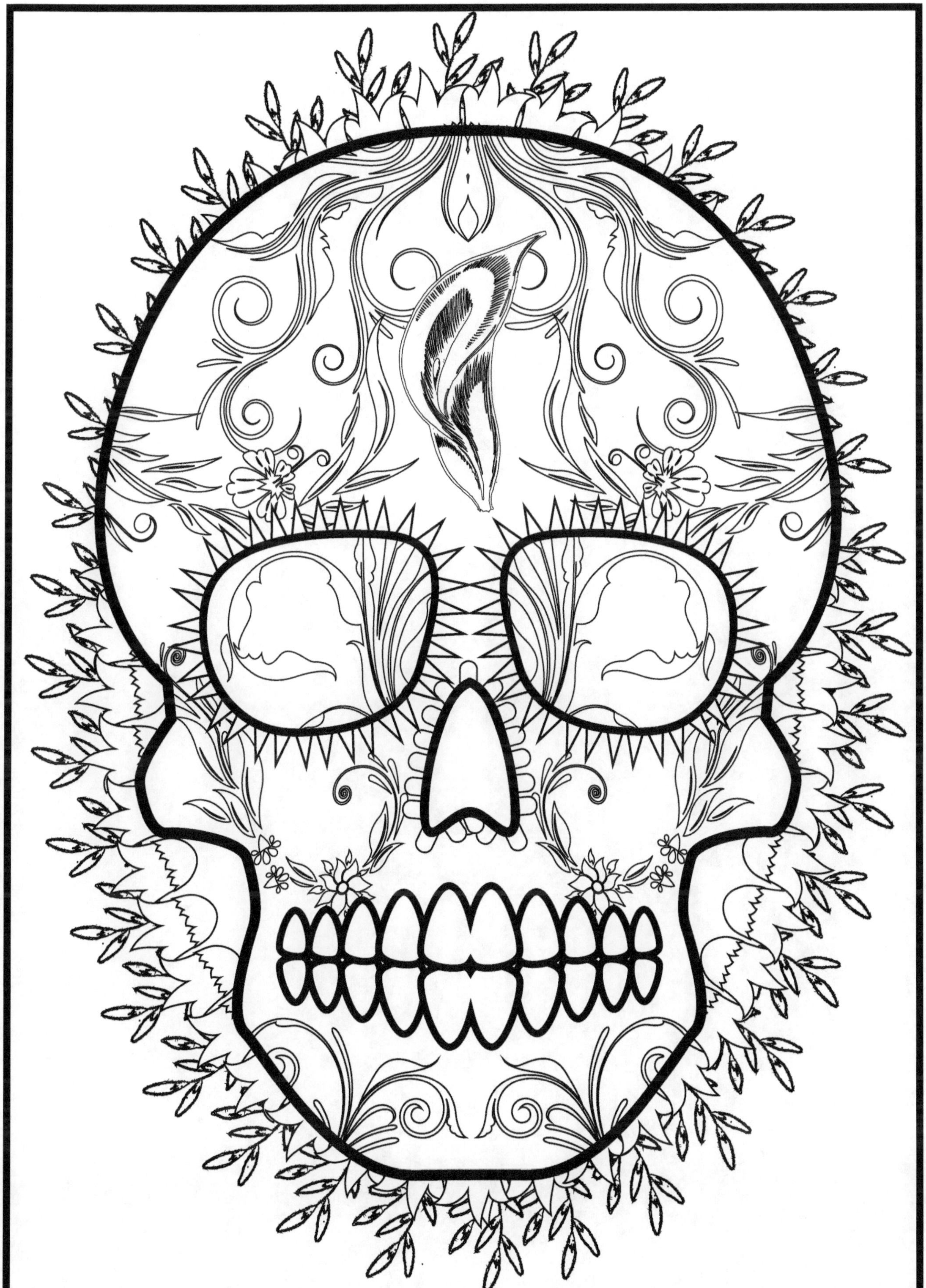

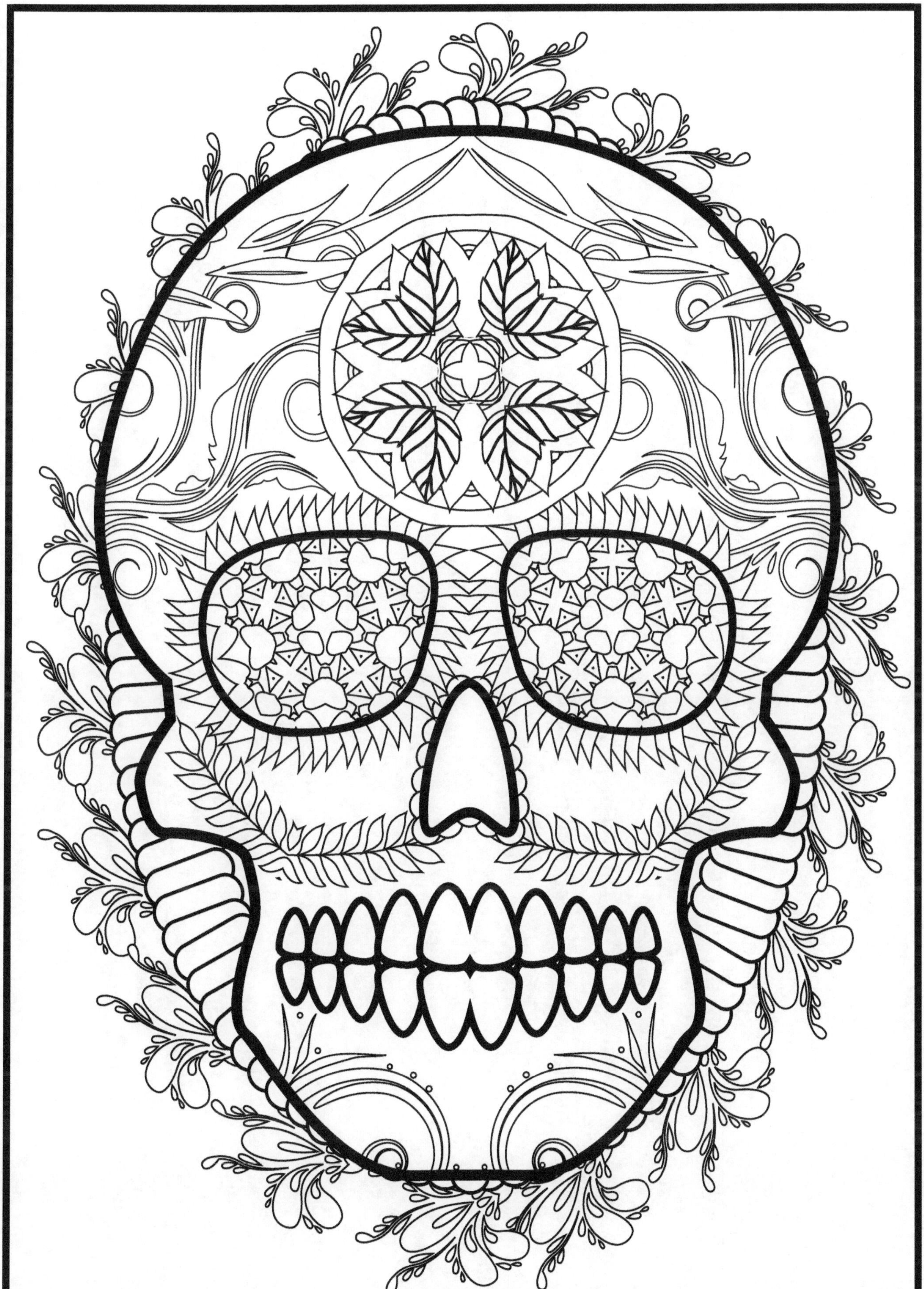

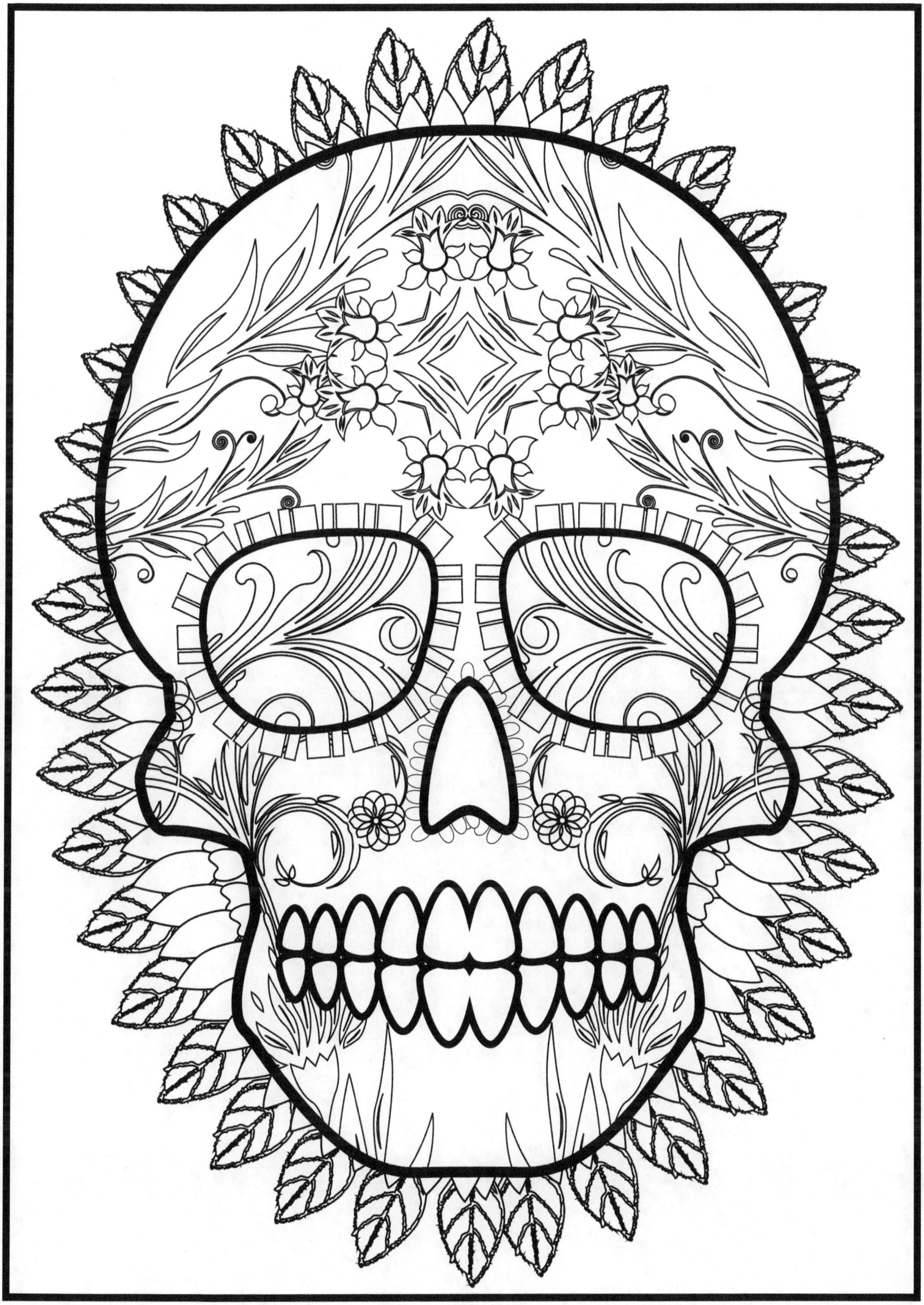

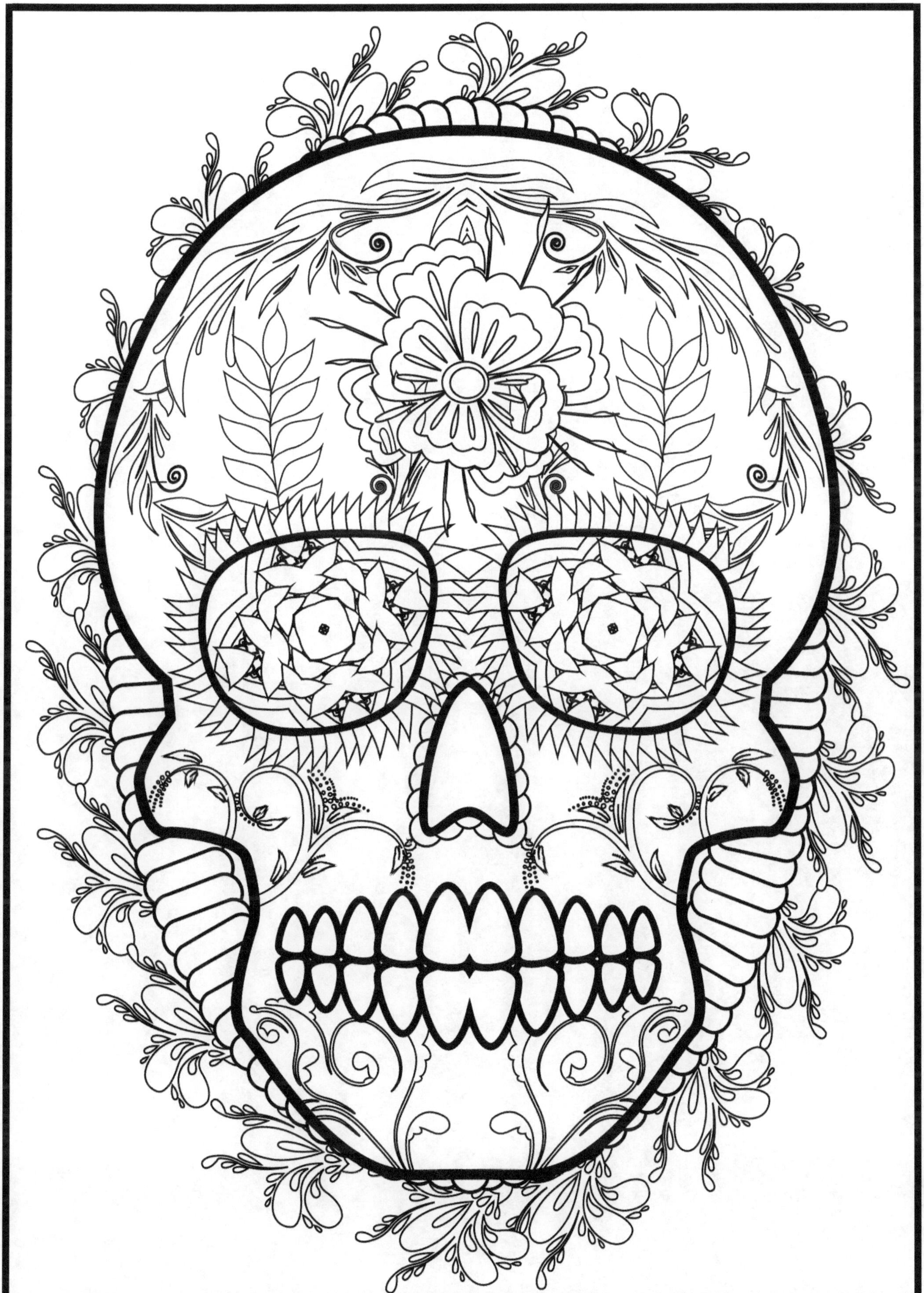

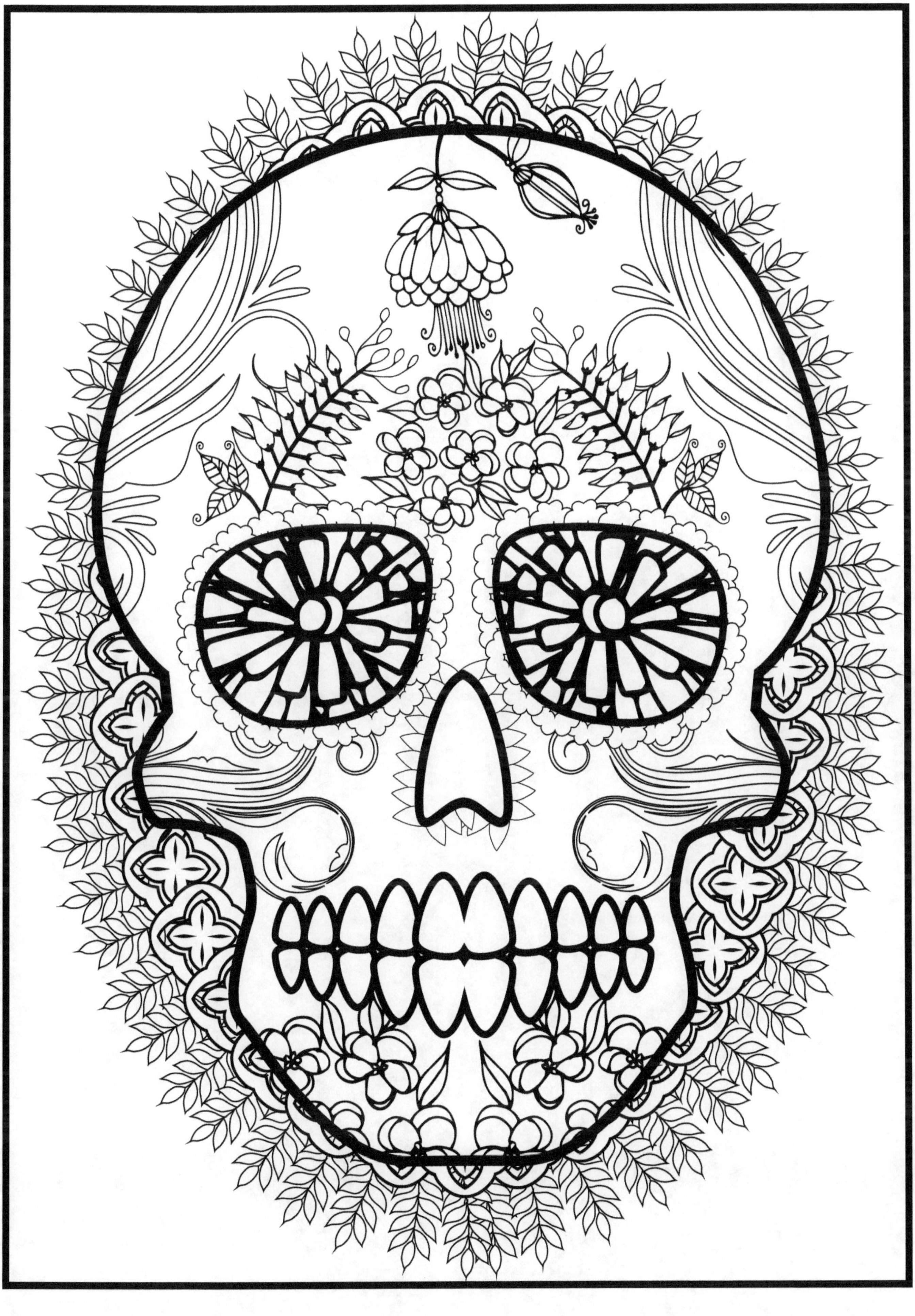

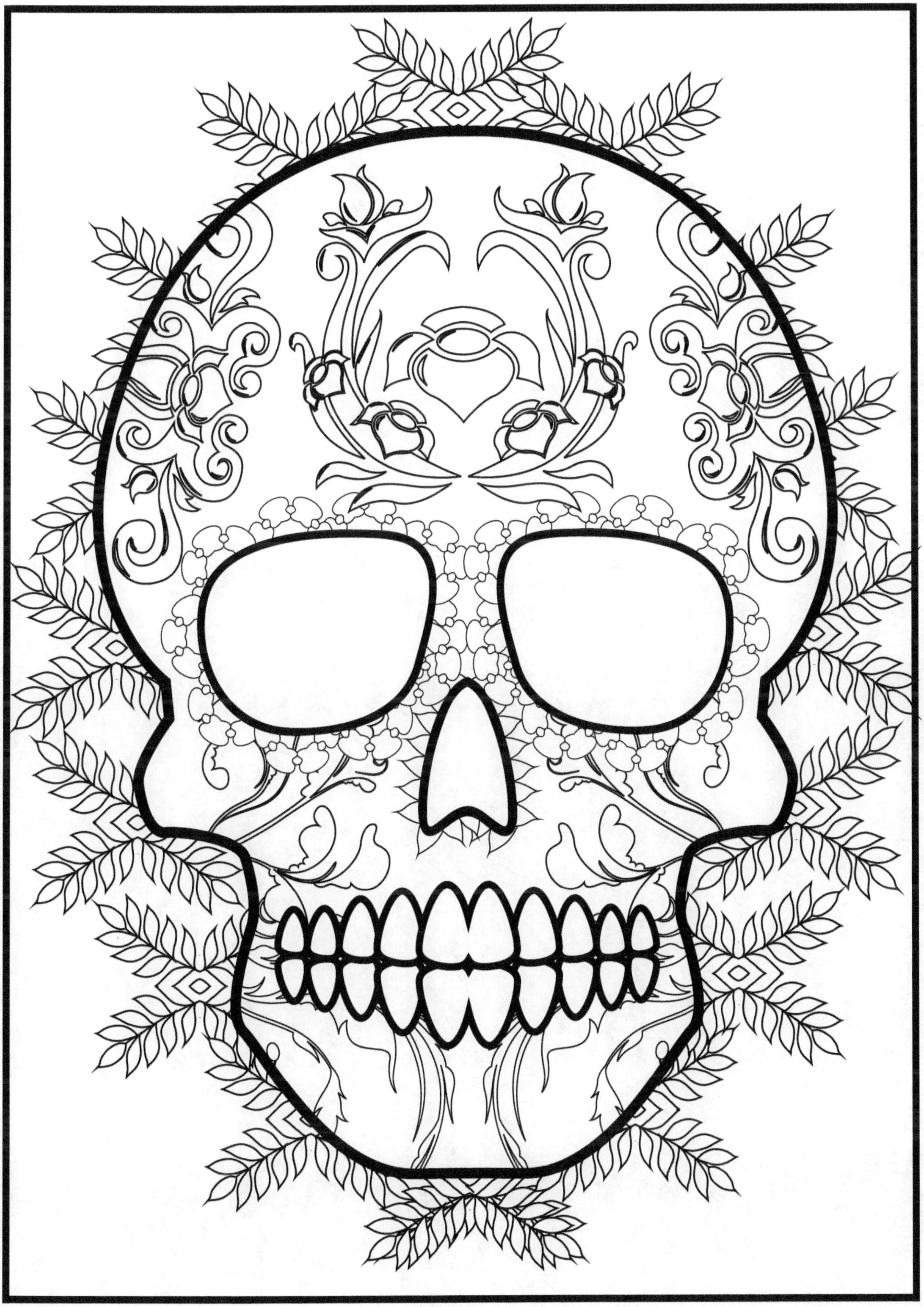

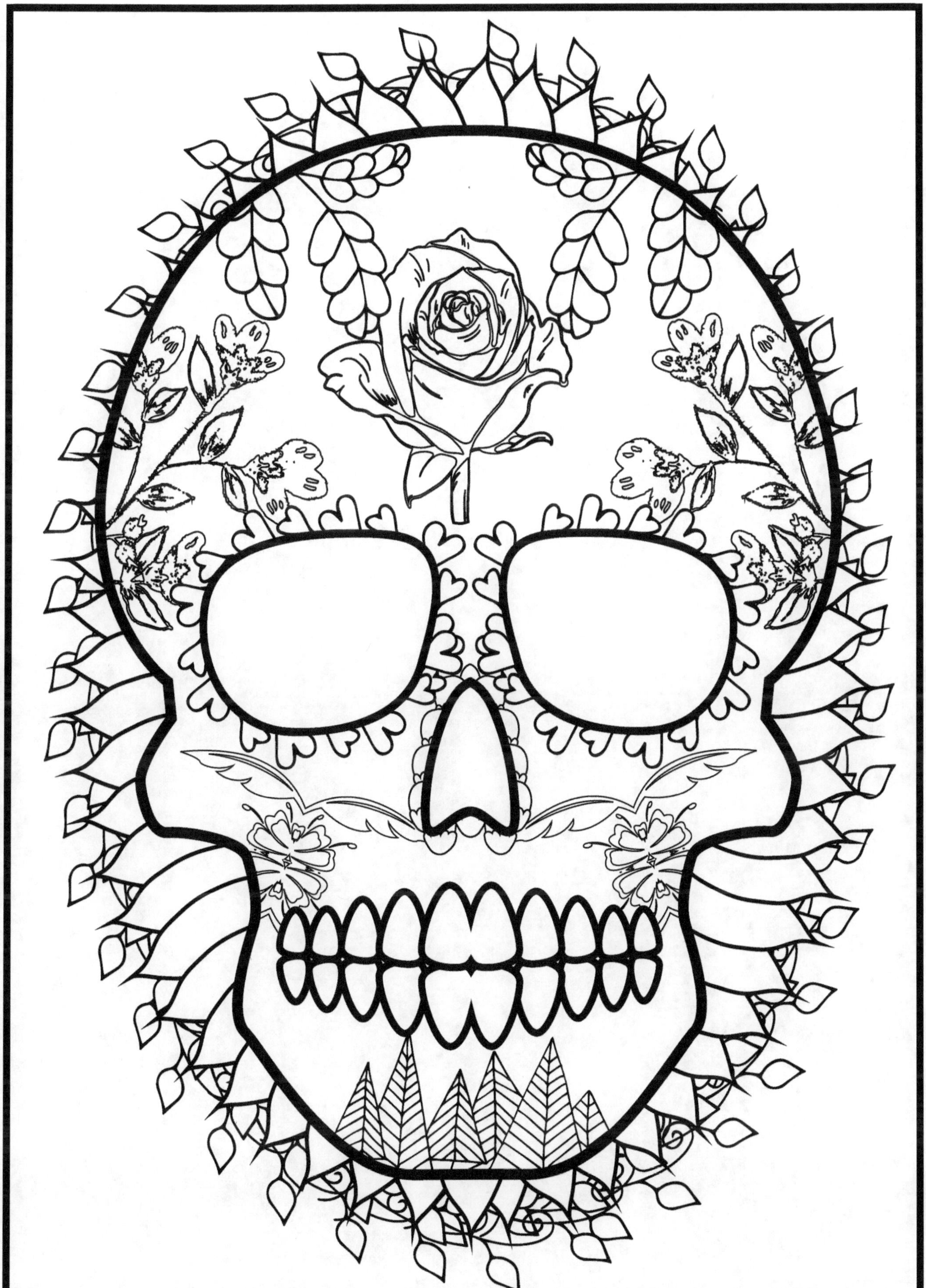

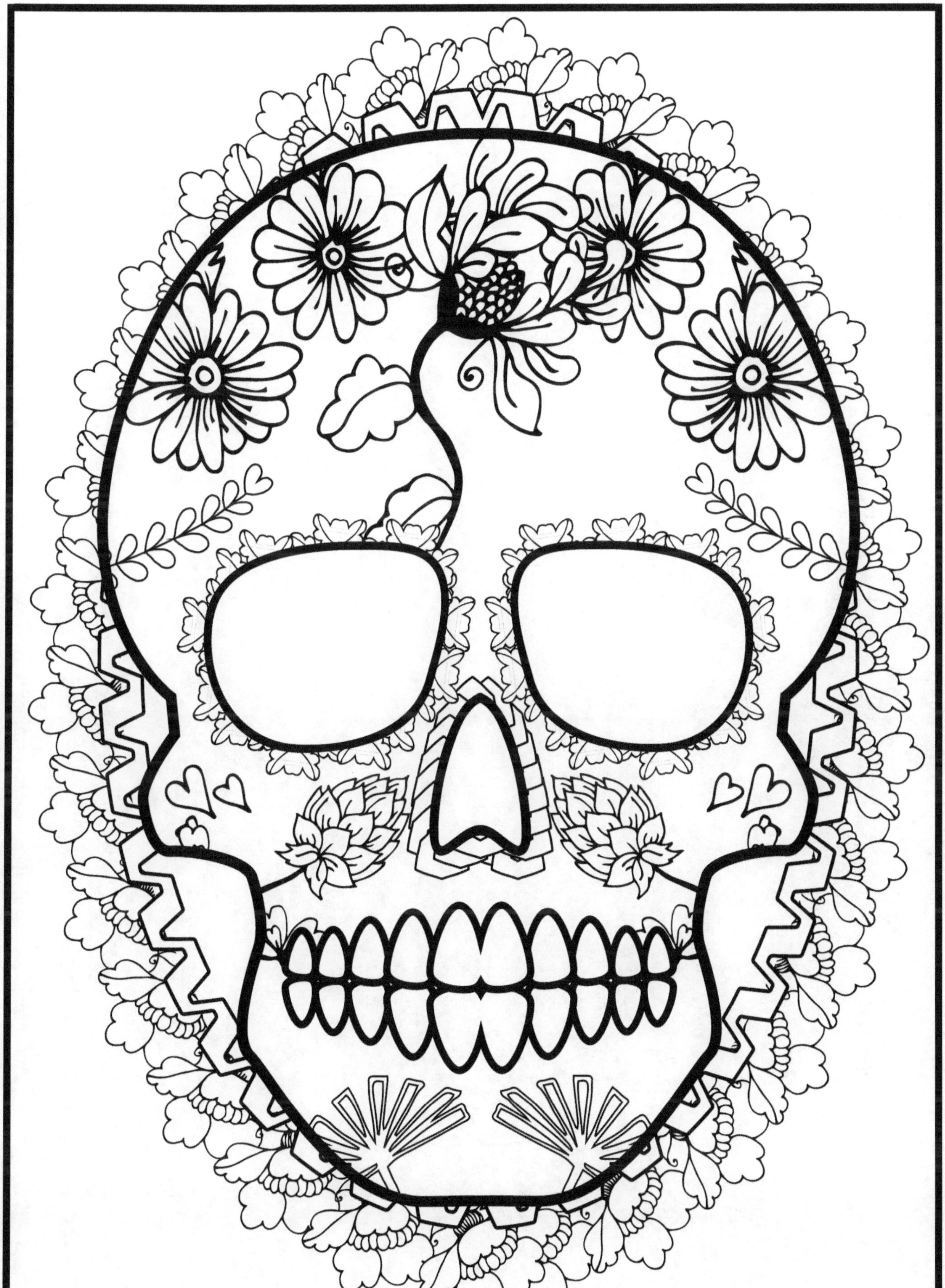

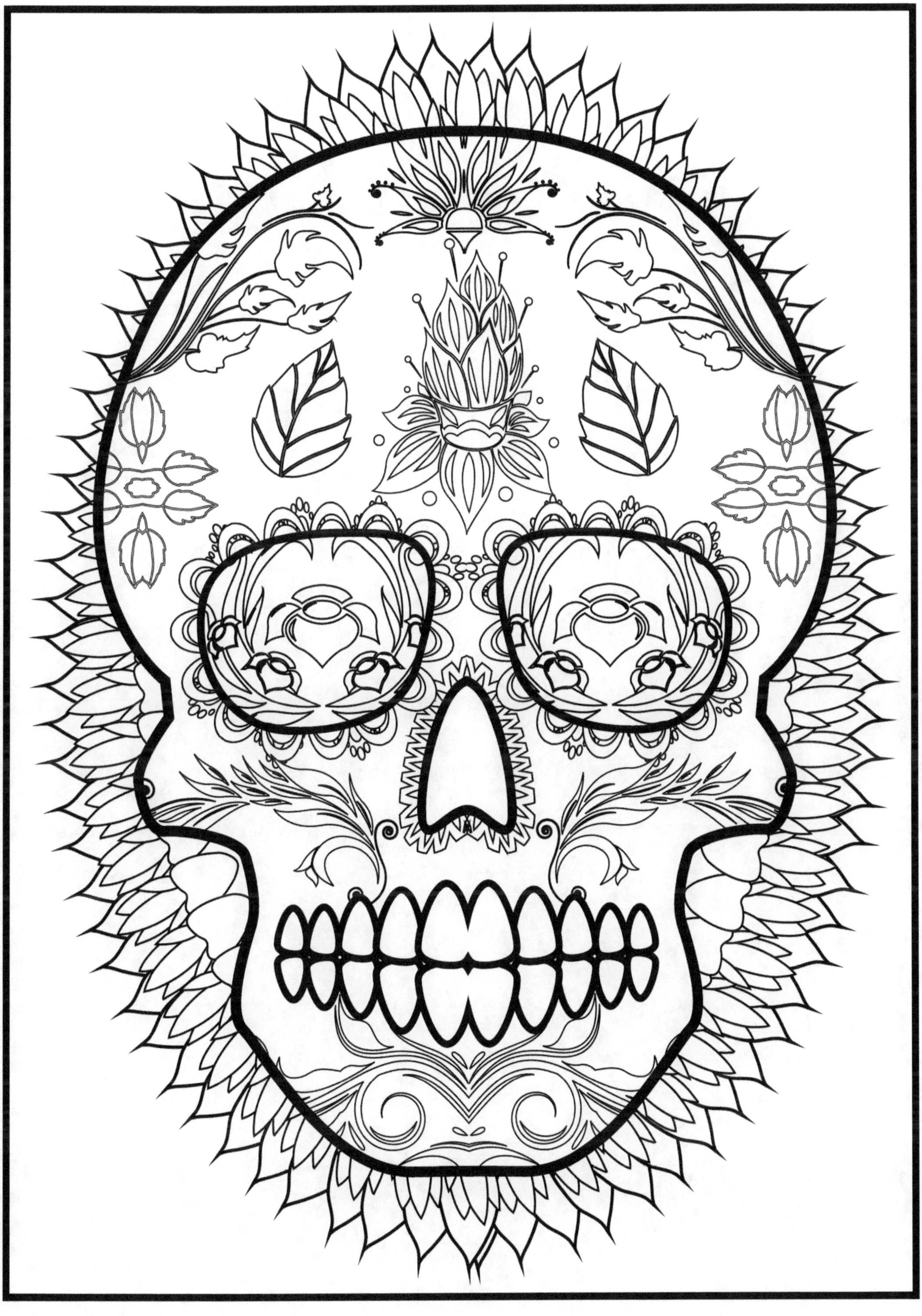

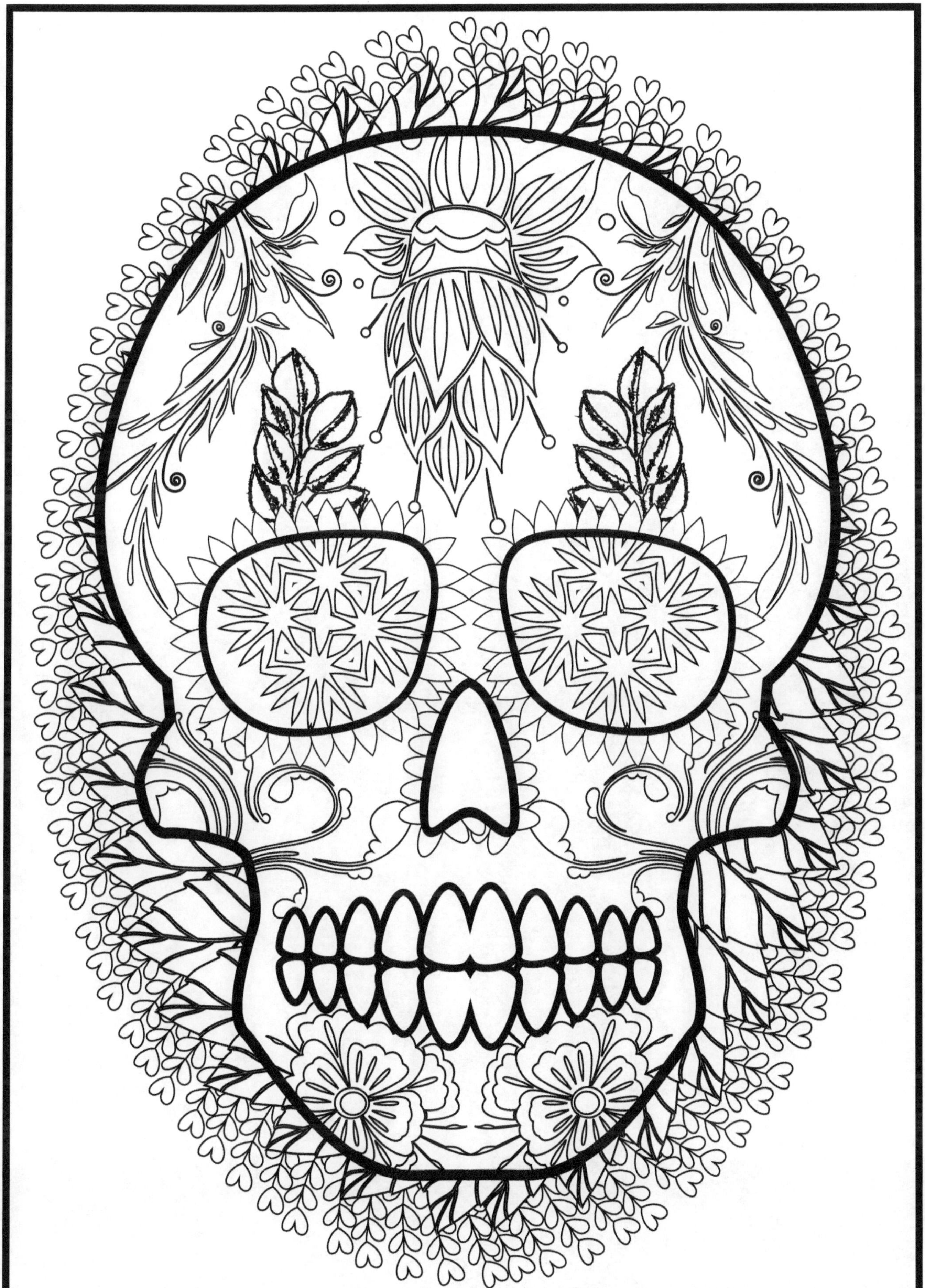

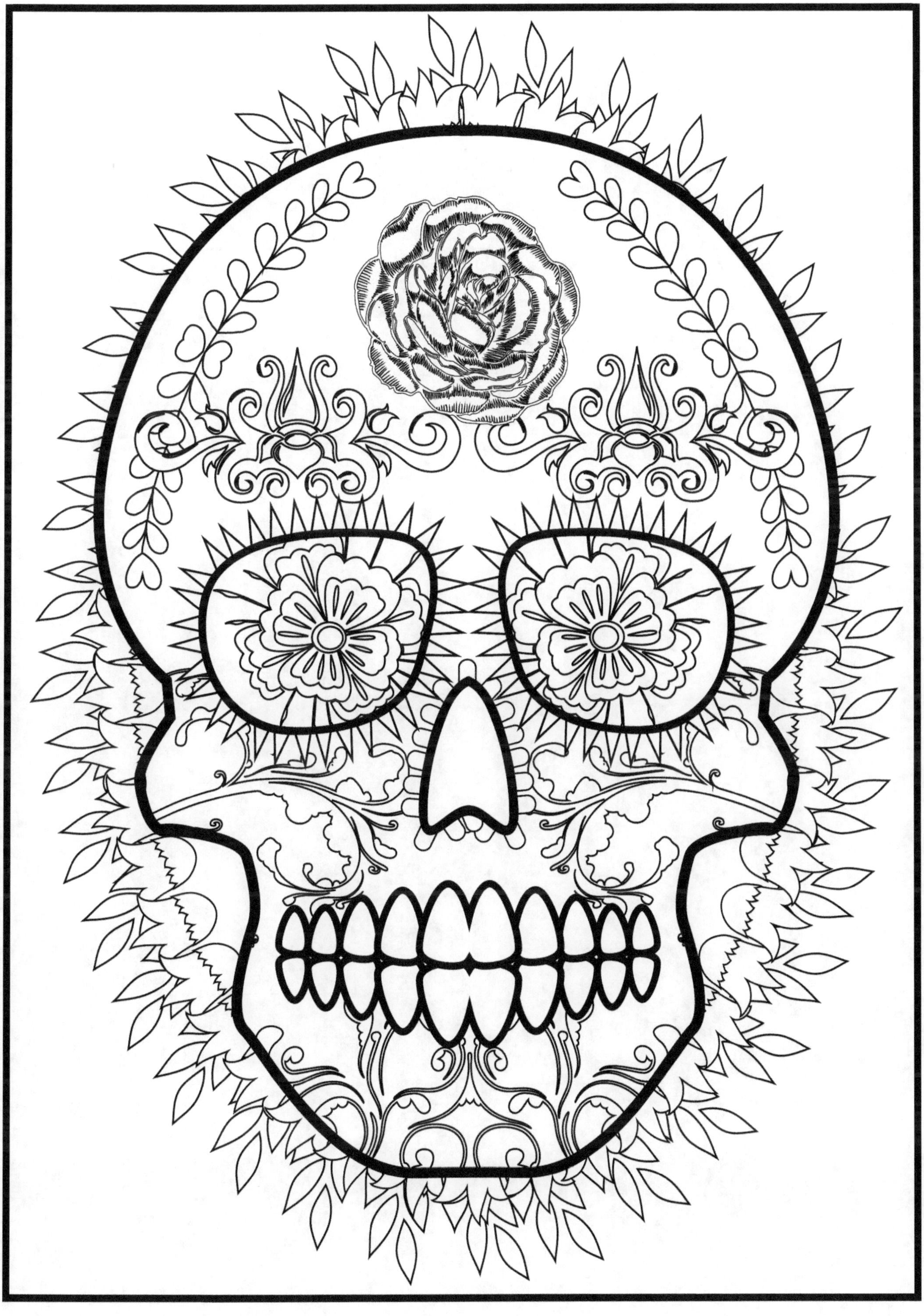

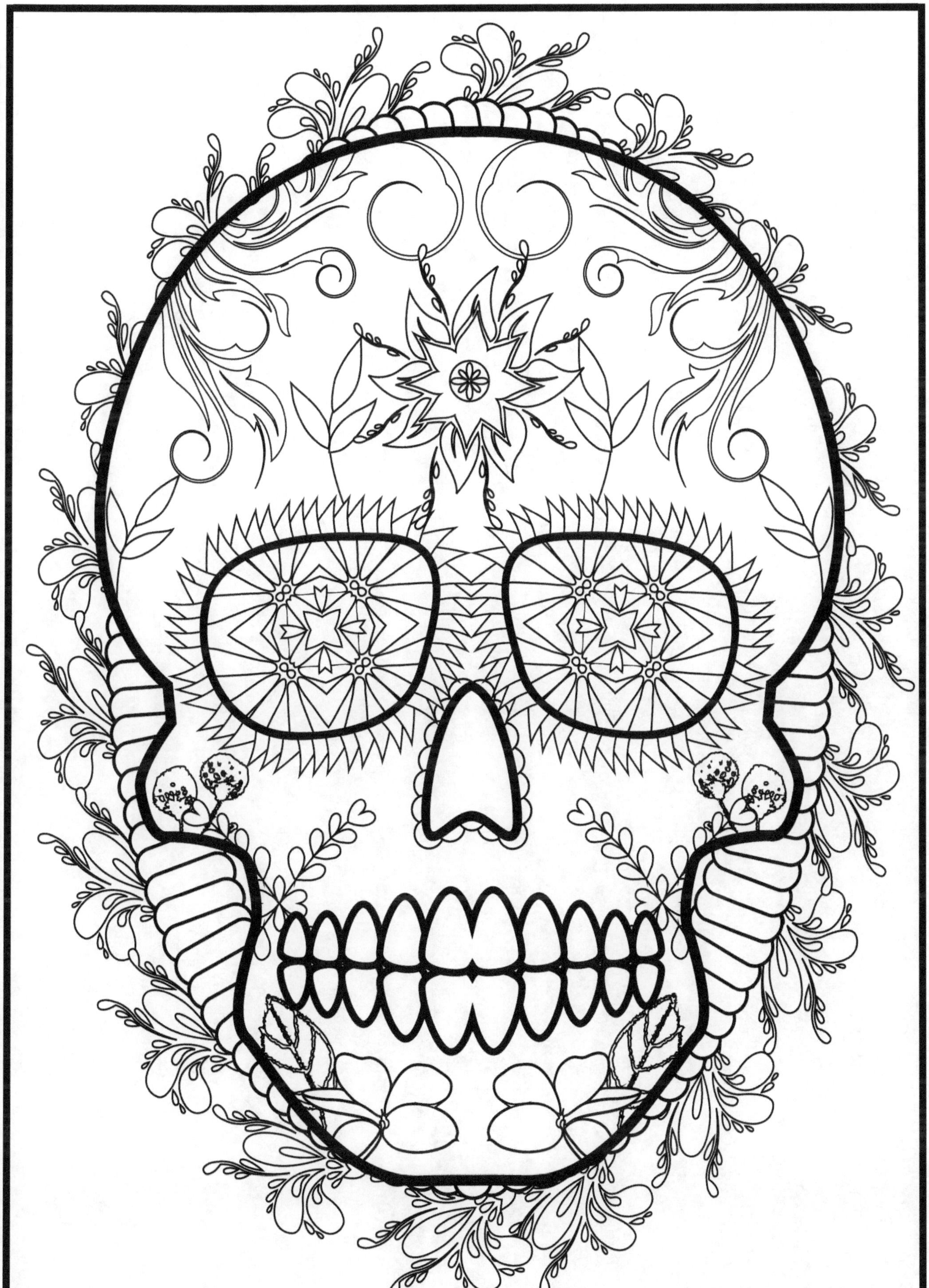

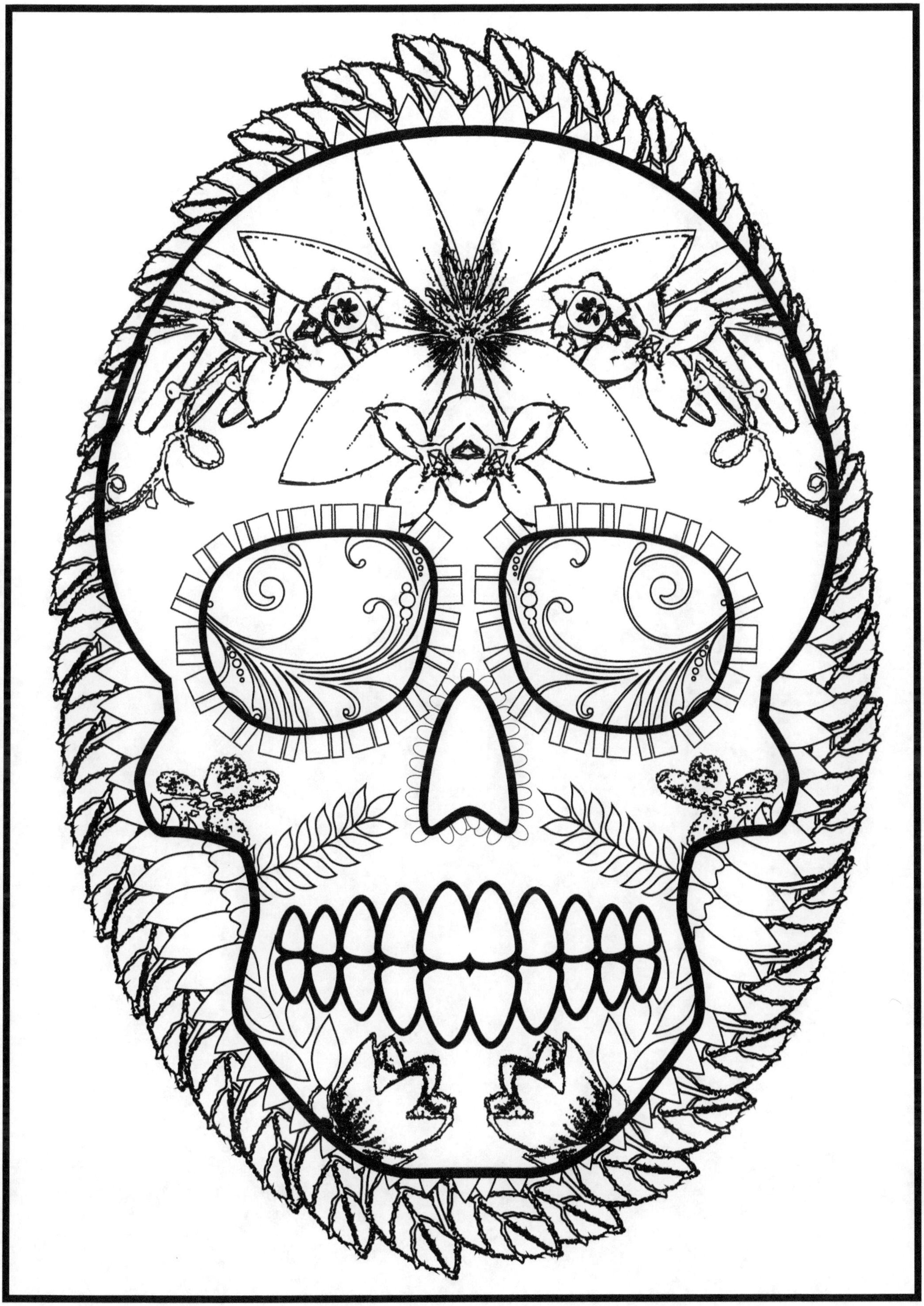

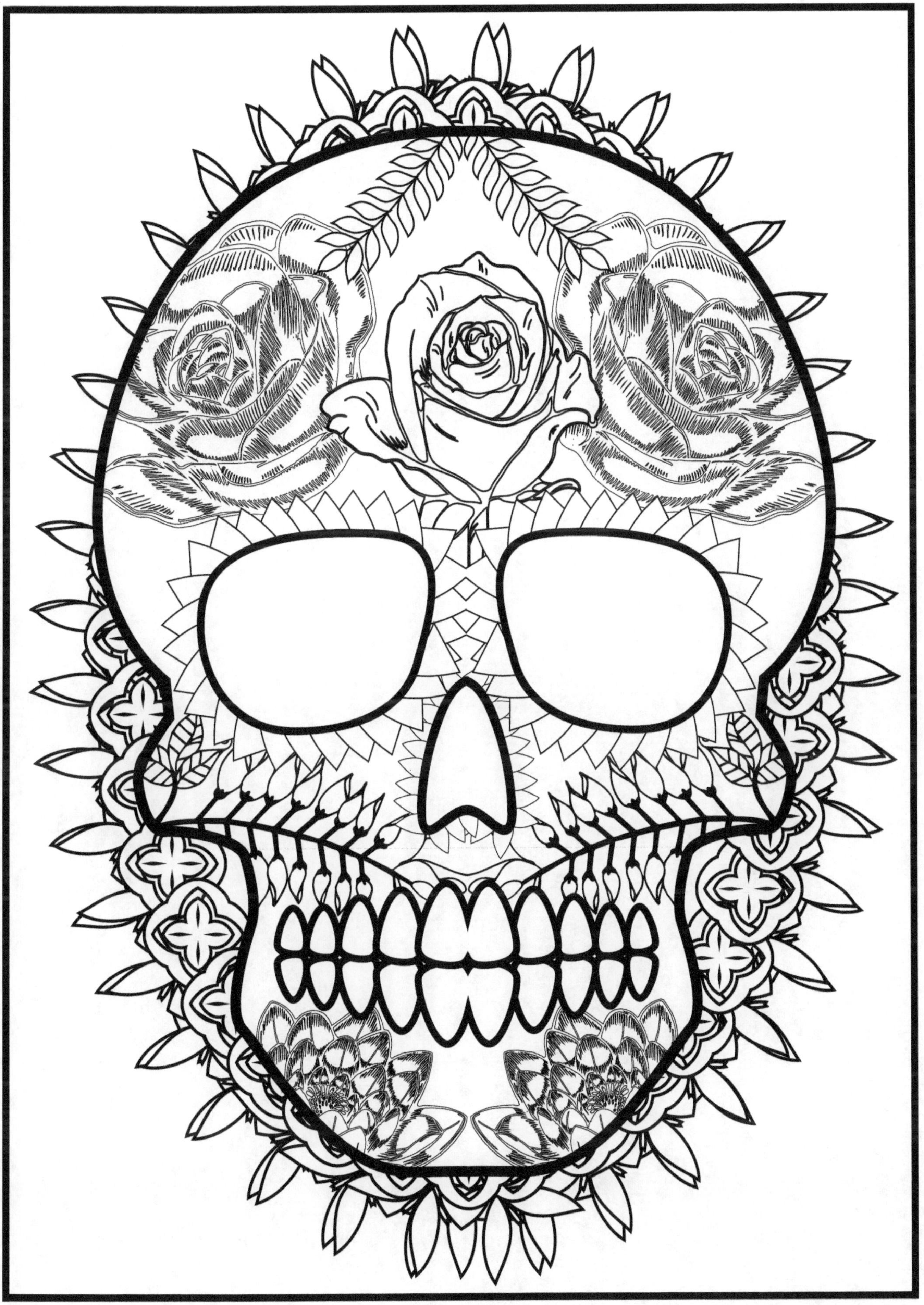

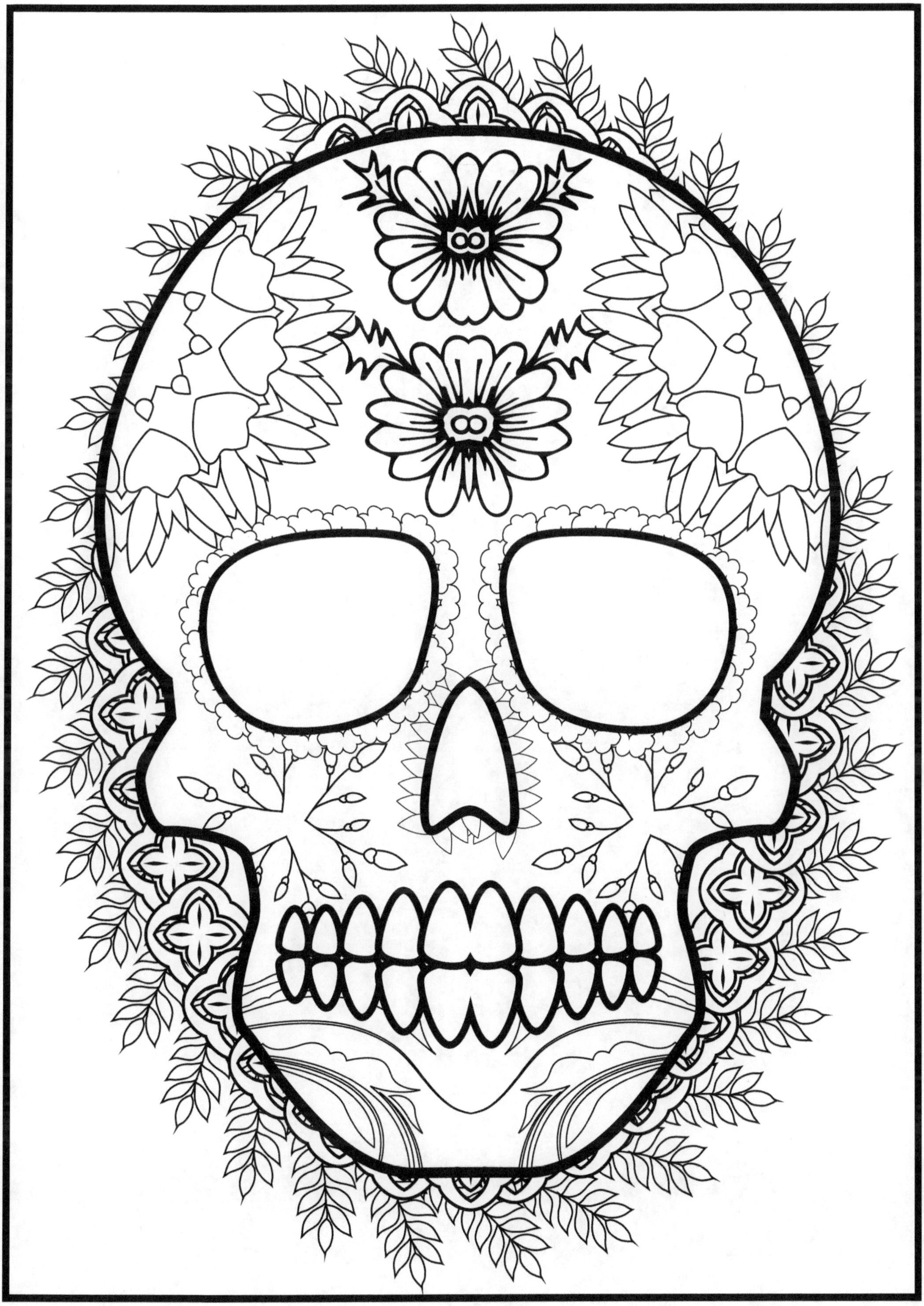

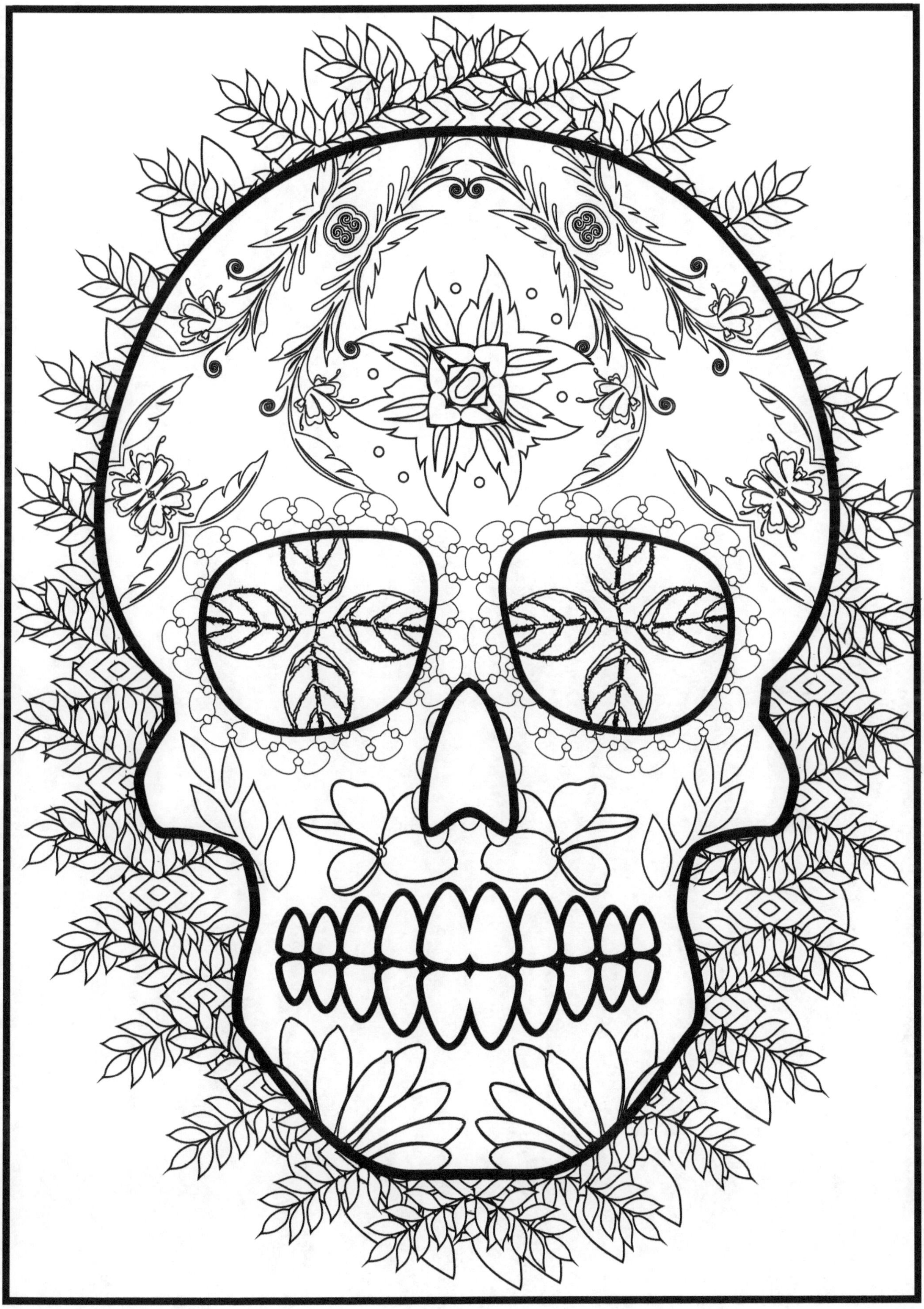

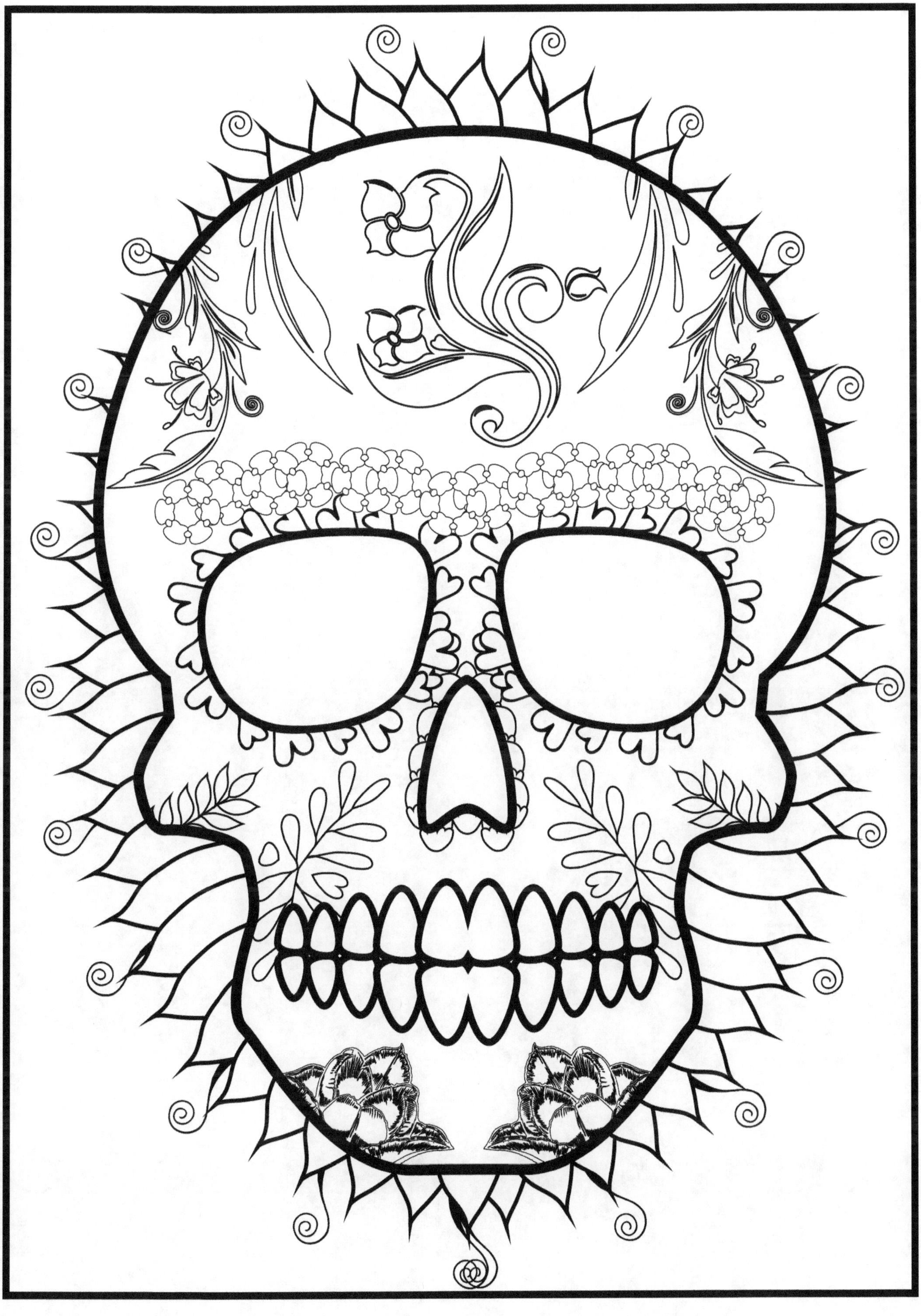

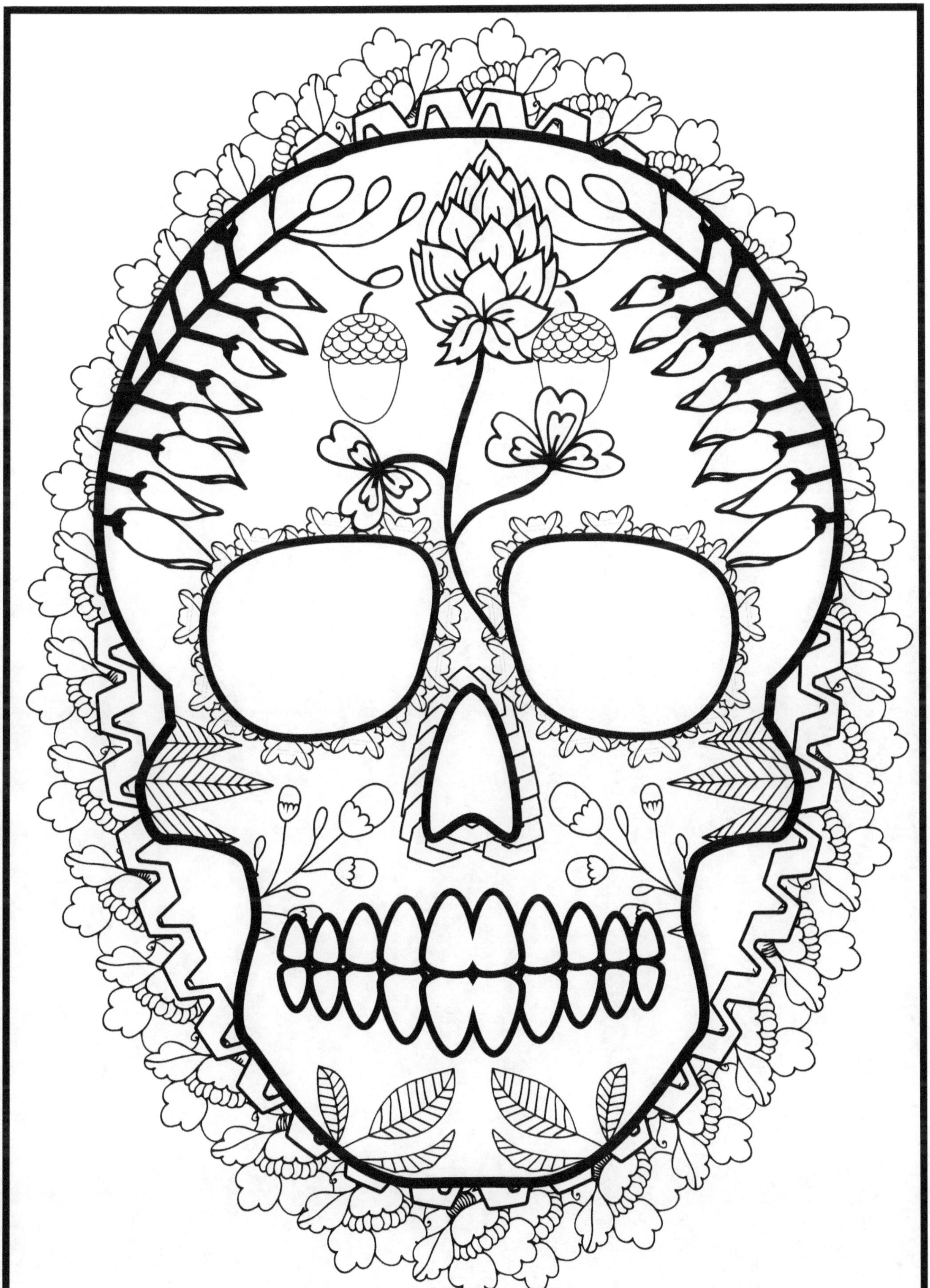

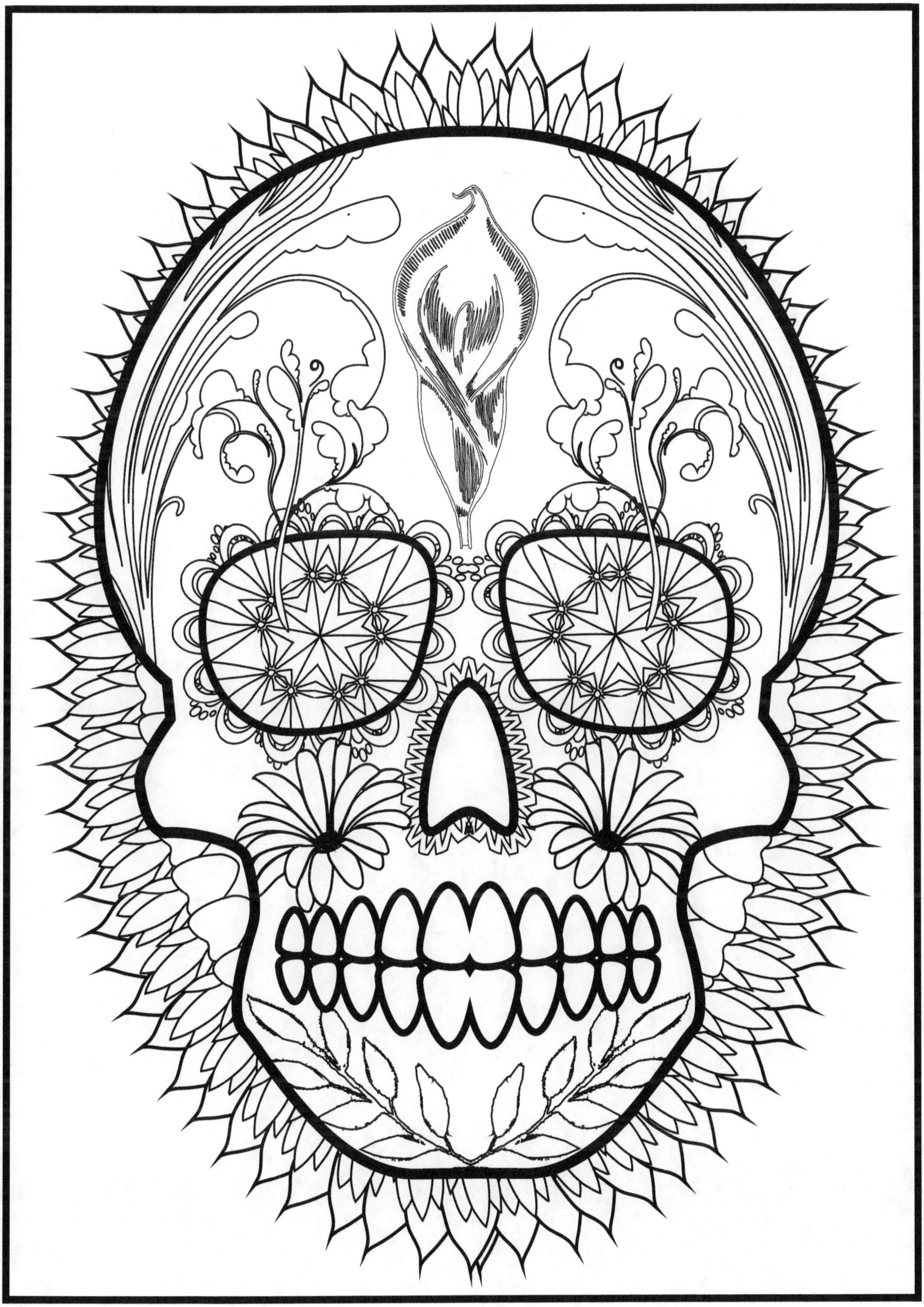

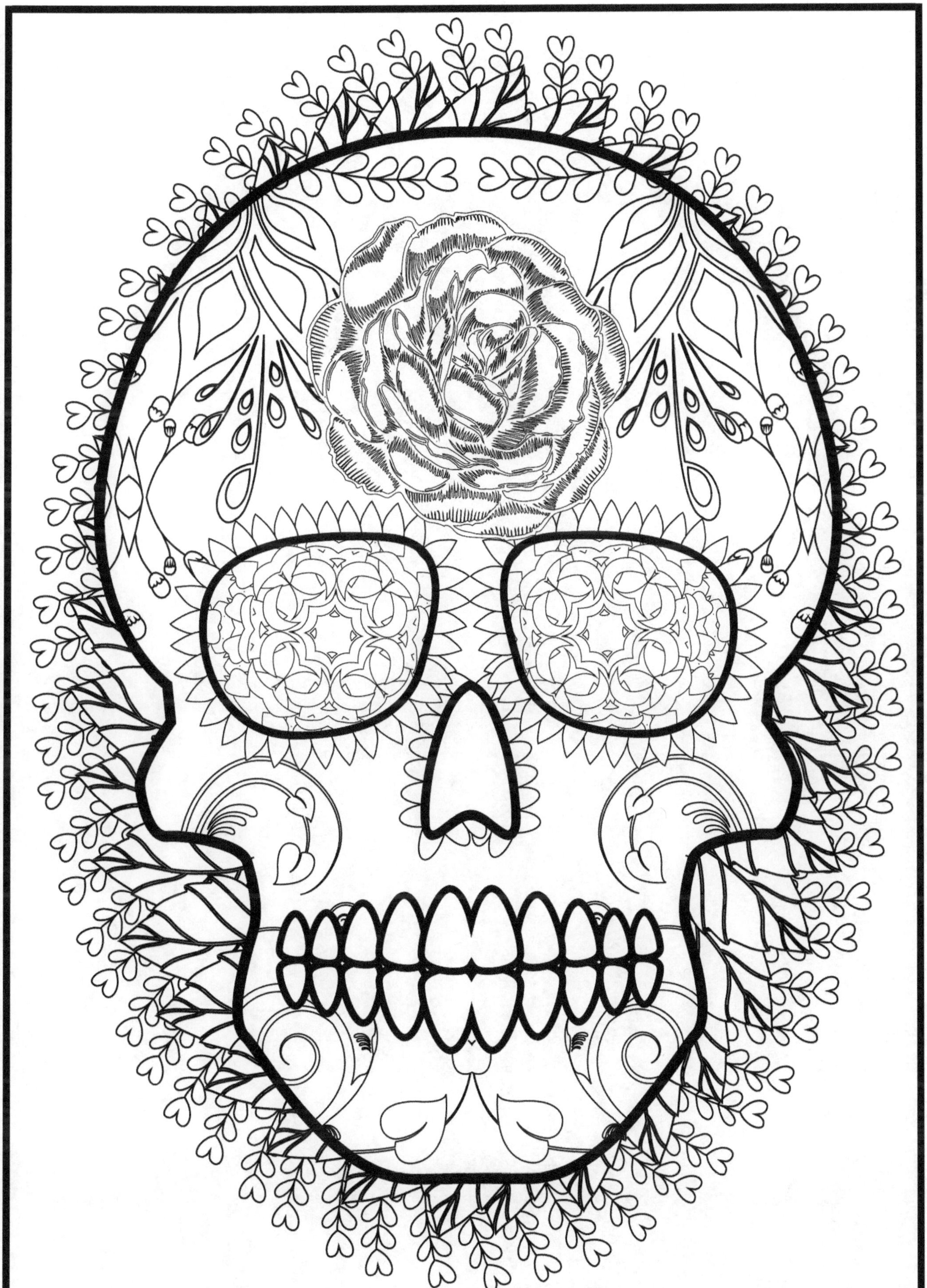

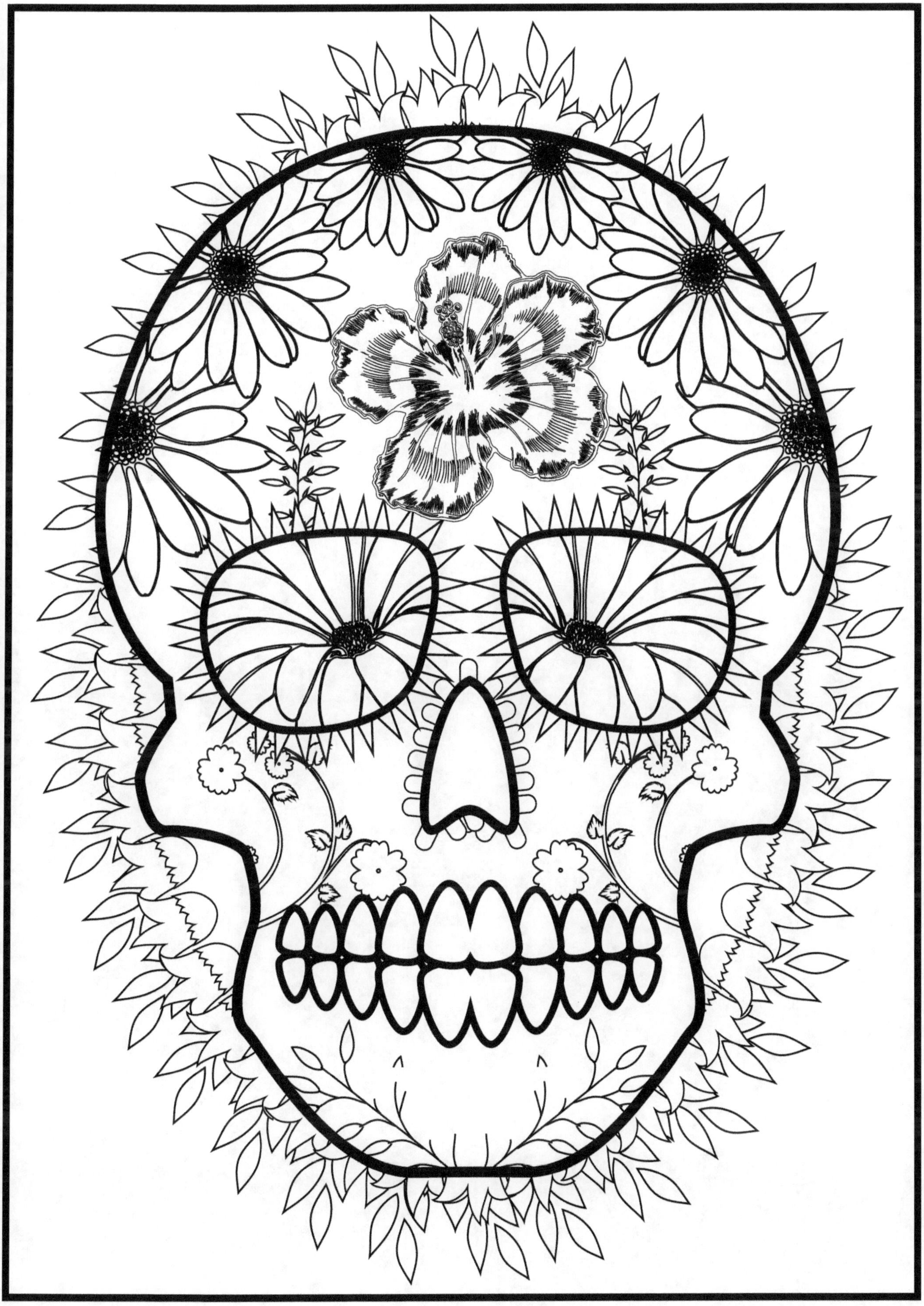

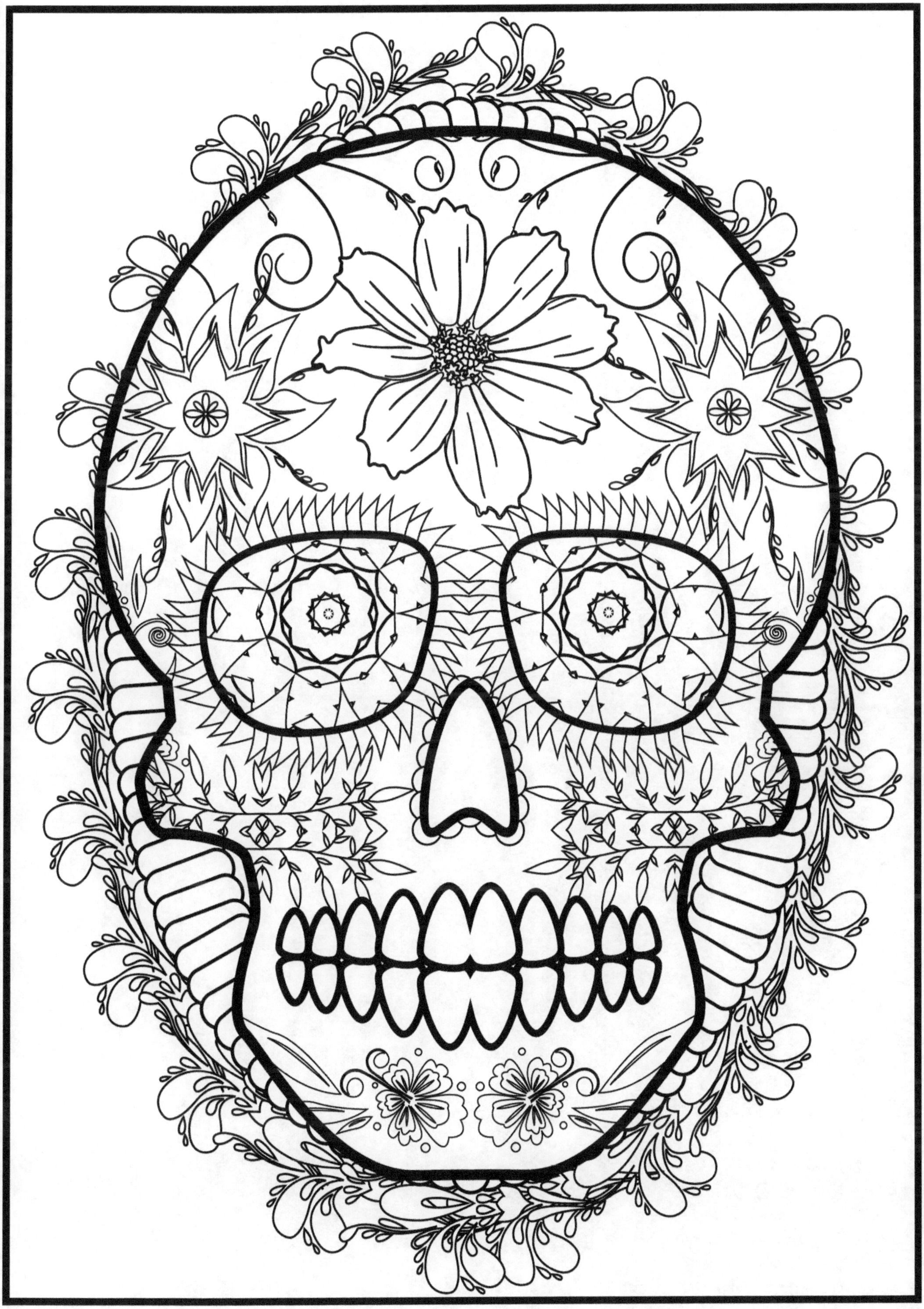

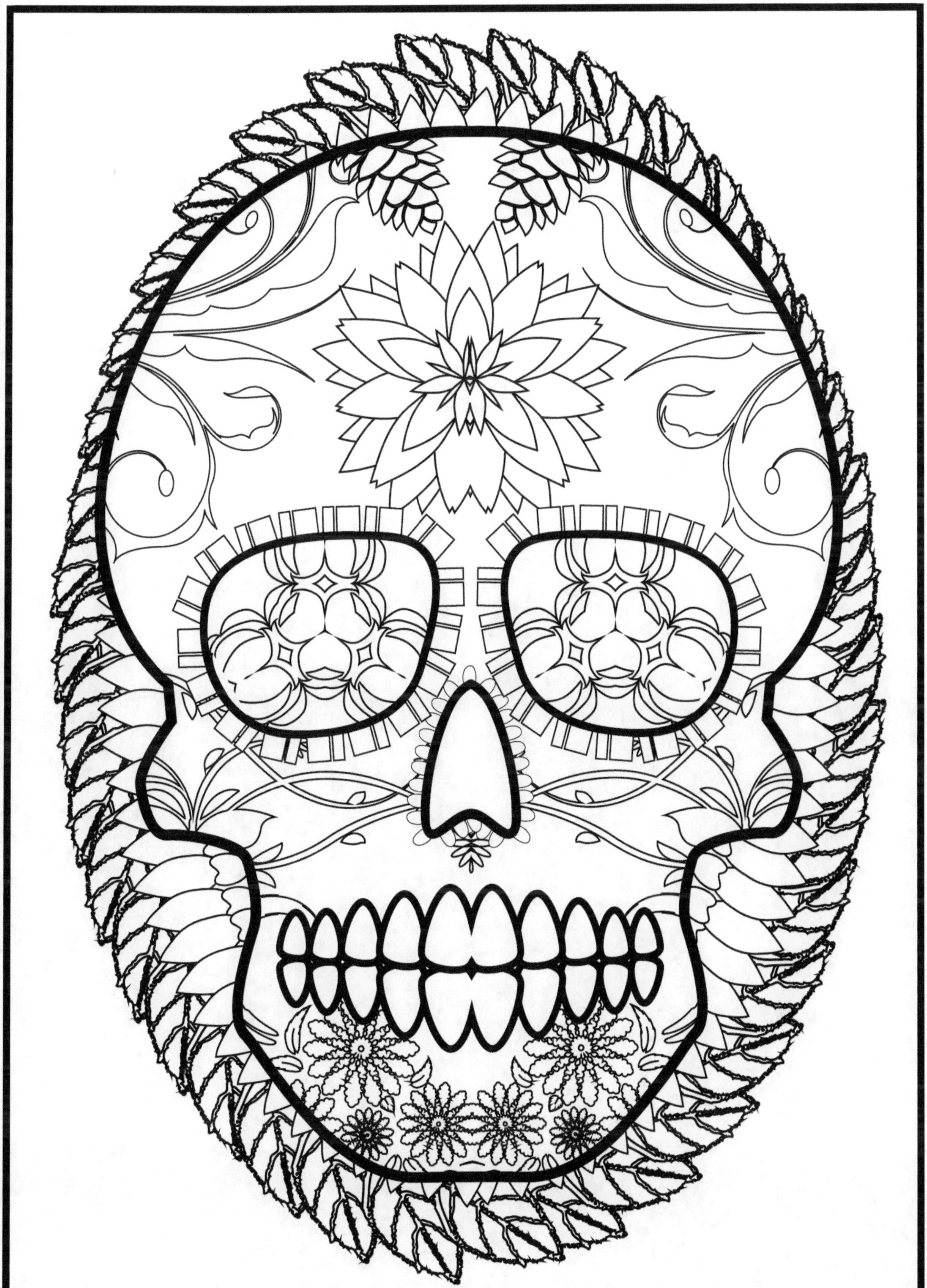

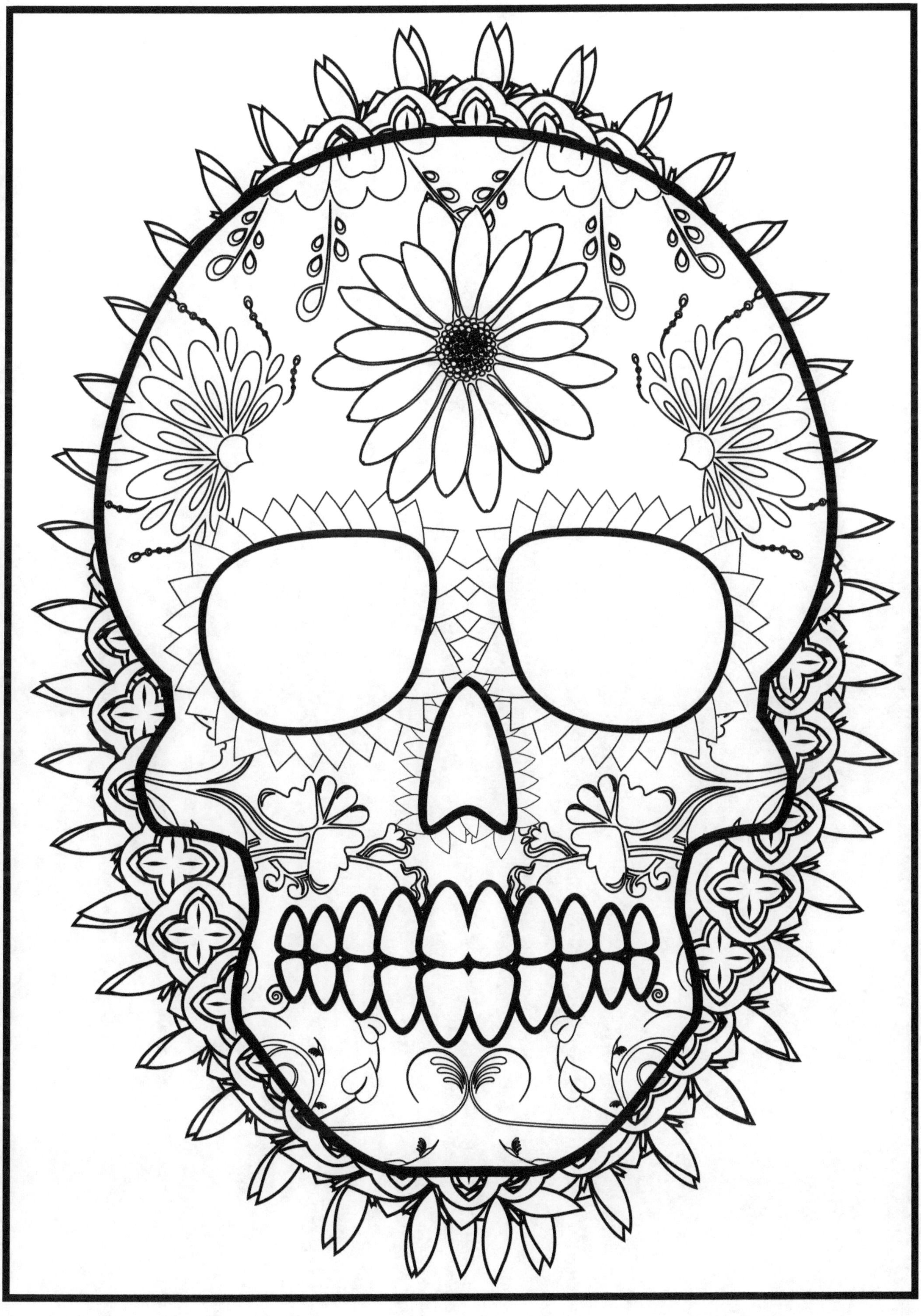

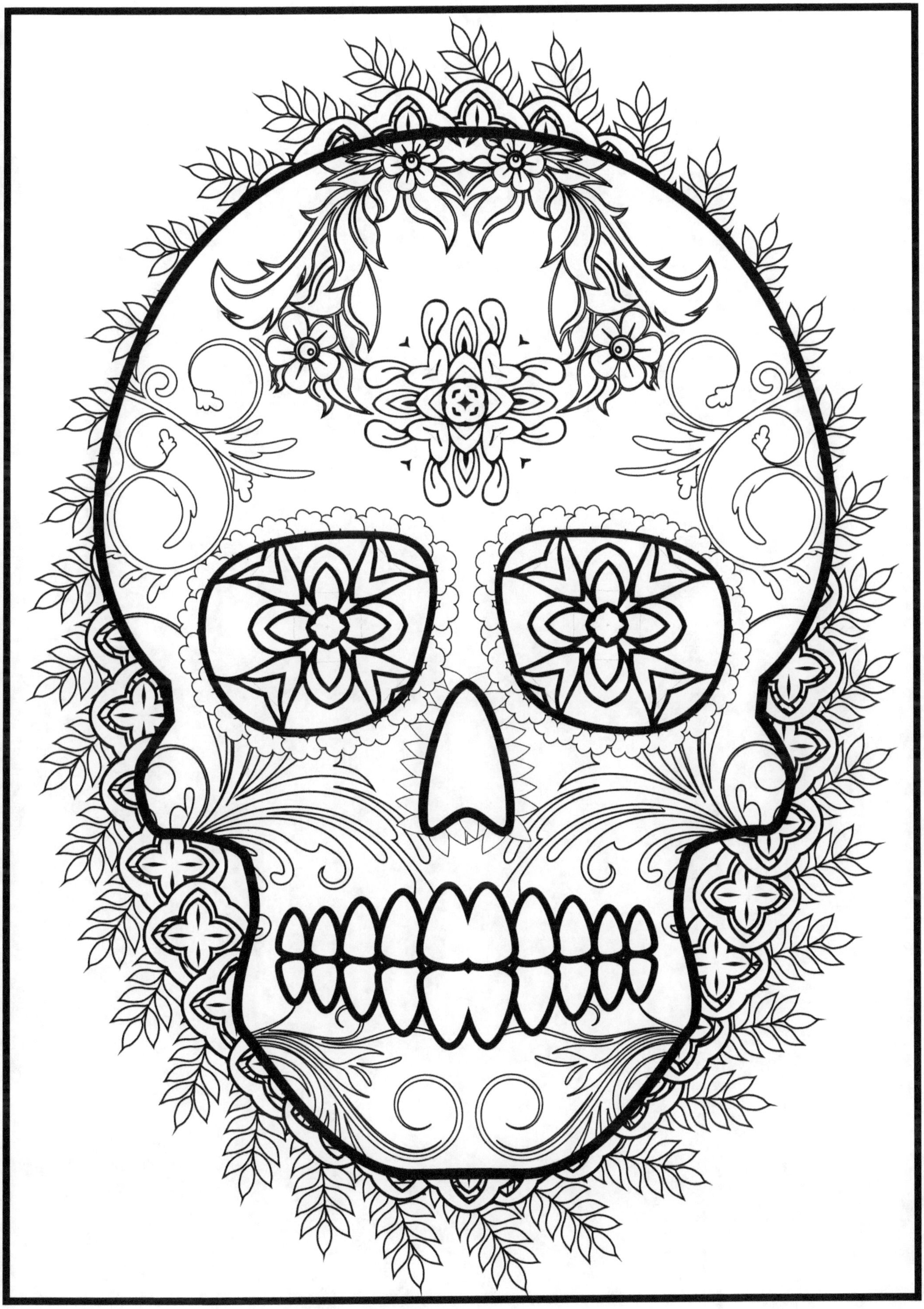

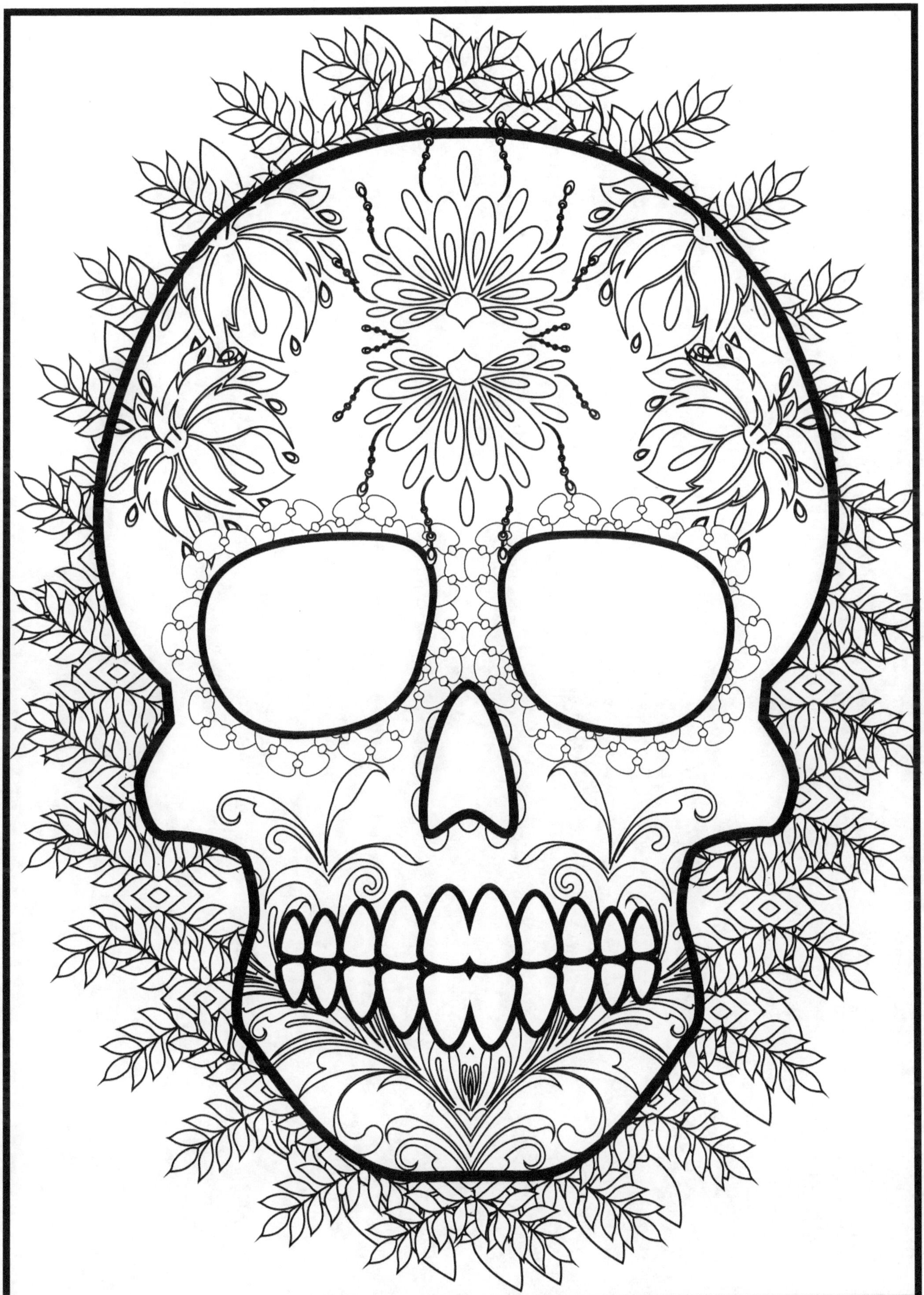

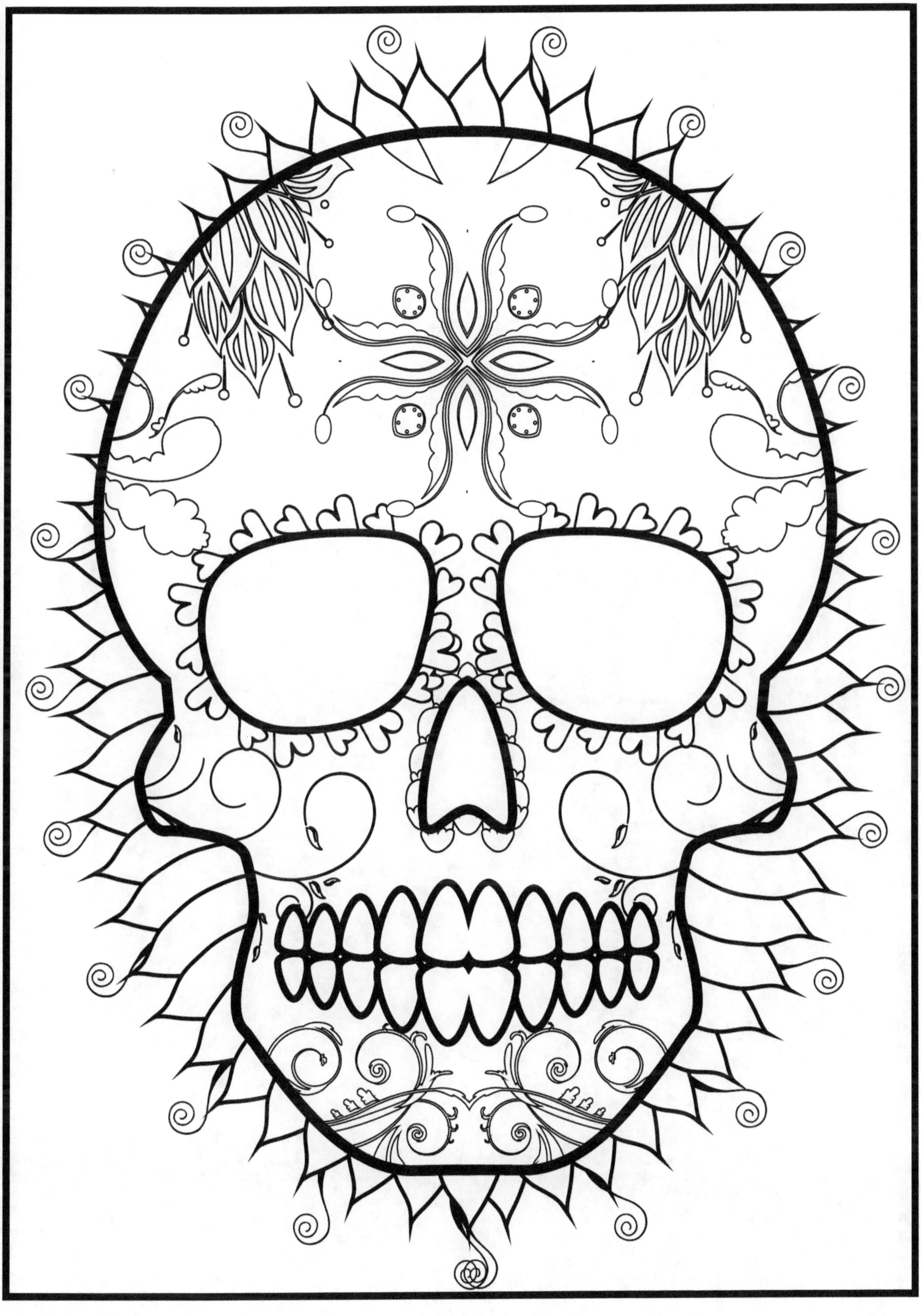

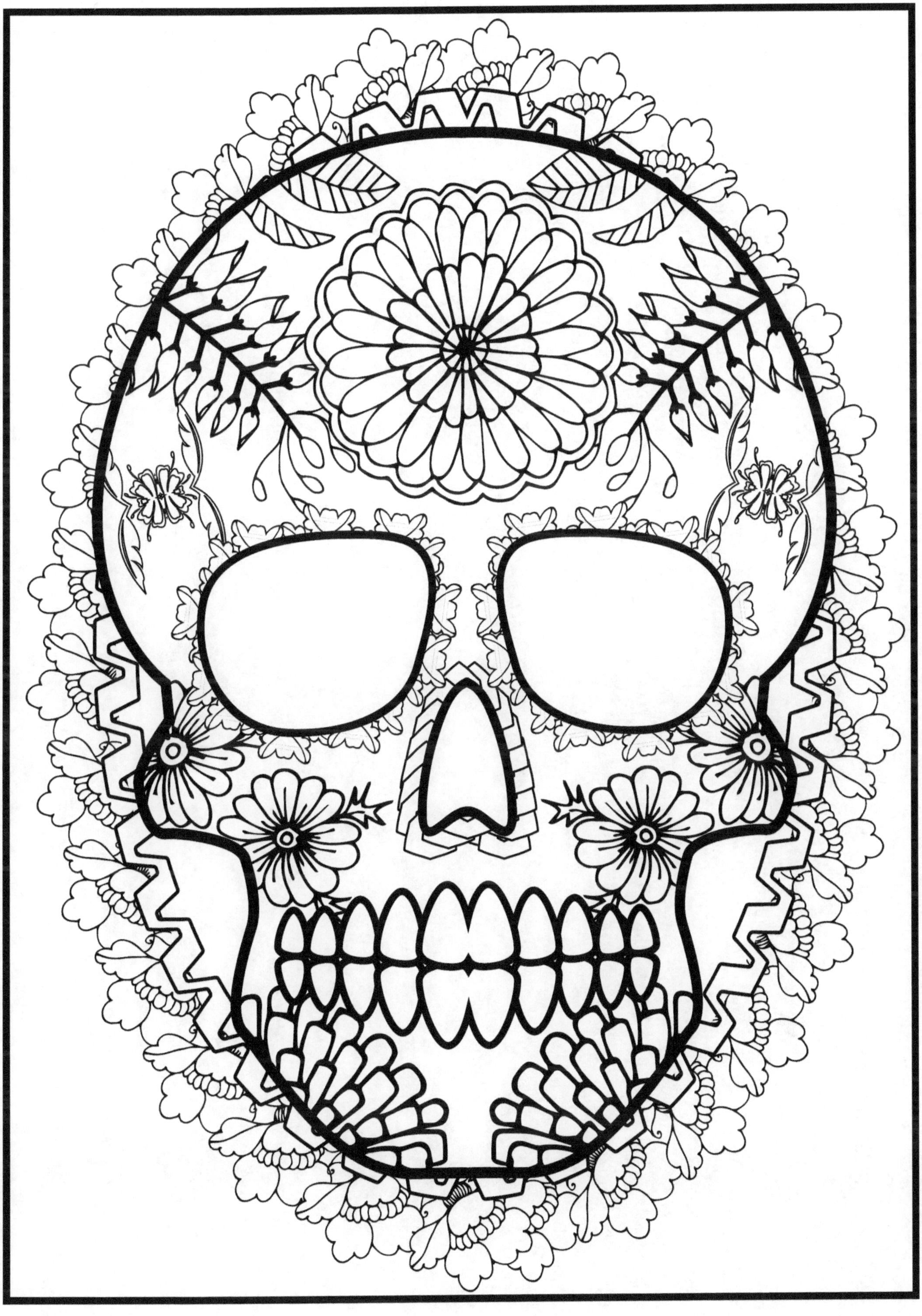

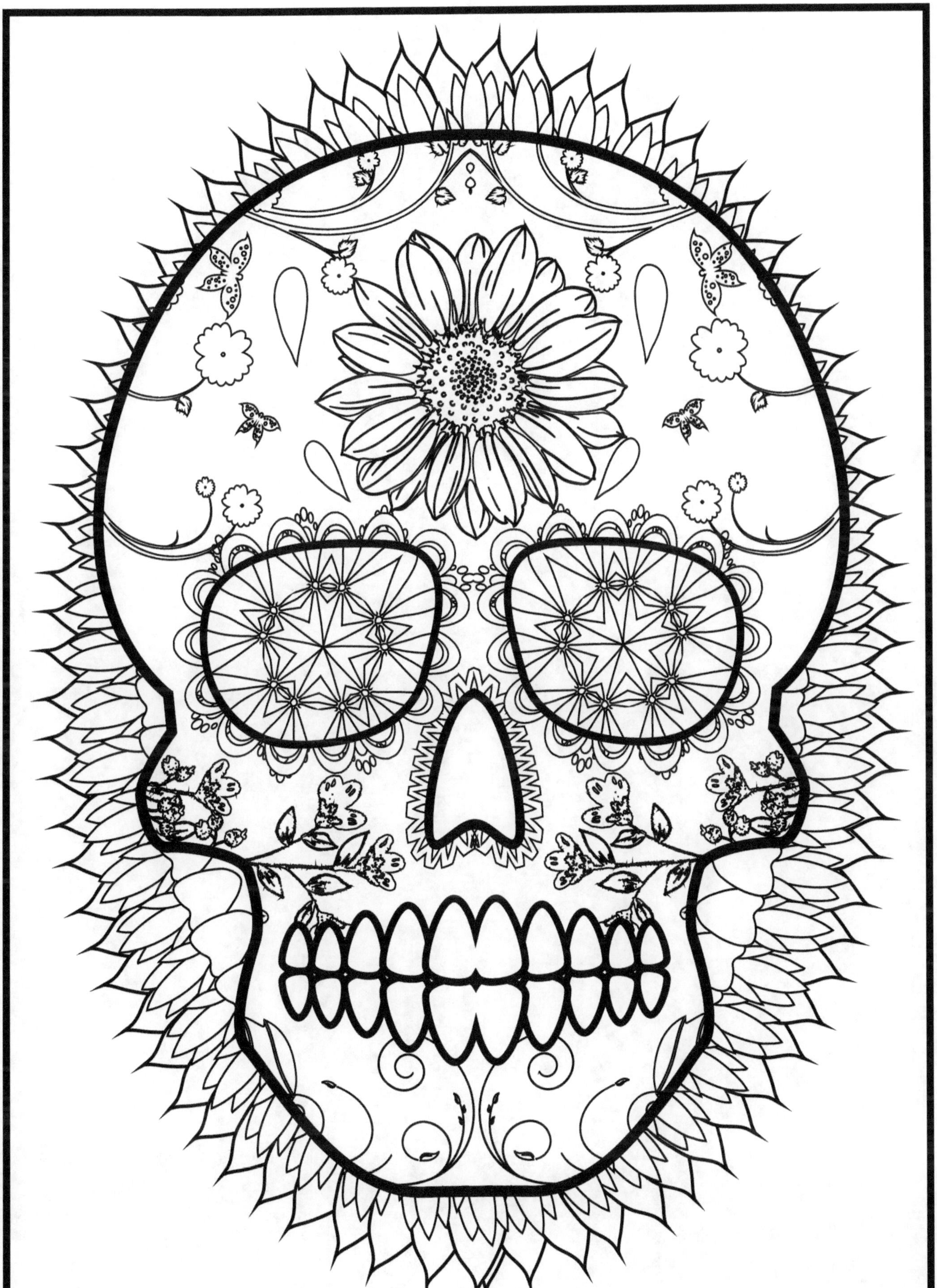

www.ingramcontent.com/pod-product-compliance
Lightning Source LLC
Chambersburg PA
CBHW080624190526
45169CB00009B/3277
* 9 7 8 1 5 3 0 9 1 8 0 3 4 *